Haftungsausschluss

Alle Angaben in diesem Buch wurden von den Autoren nach bestem Wissen erstellt und gemeinsam mit dem Verlag mit größtmöglicher Sorgfalt überprüft. Dennoch lassen sich (im Sinne des Produkthaftungsrechts) inhaltliche Fehler nicht vollständig ausschließen. Die Angaben verstehen sich daher ohne jegliche Verpflichtung oder Garantie seitens der Autoren oder des Verlages. Autoren und Verlag schließen jegliche Haftung für etwaige inhaltliche Unstimmigkeiten sowie für Personen-, Sach- und Vermögensschäden aus.

Bibliografische Information der Deutschen Bibliothek:

Die Deutsche Bibliothek verzeichnet diese Publikation in der Deutschen Nationalbibliografie; detaillierte bibliografische Daten sind im Internet über http://dnb.ddb.de abrufbar.

© Verlag Hans Carl
2009 Fachverlag Hans Carl GmbH, Nürnberg
und Boris Braun, Nürnberg

Alle Rechte vorbehalten

Stand November 2009

Idee, Konzeption, Interviews: Boris Braun
Organisation und Sekretariat: Ursula Drechsel
Recherchen und Texte: B. Braun, U. Drechsel

Fotos: Boris Braun, teilweise von den Wirten zur Verfügung gestellt und freigegeben

Symbole, Layout und grafische Umsetzung:
Sabine Bittner, Dipl. Designerin (FH),
www.bittner-grafikdesign.de

Druck und Bindung:
Sachsendruck Plauen GmbH

ISBN 978-3-418-00120-3

Boris Braun · Ursula Drechsel

GASTRONOMIE IN SENF

Schwabach · Erlangen · Nürnberg · Fürth

Die besten 100 Restaurants, Cafés, Kneipen und Bars

LIEBE LESERINNEN UND LESER,

im Großraum Nürnberg-Fürth-Erlangen-Schwabach gibt es einige tausend gastronomische Betriebe, von denen man sicherlich guten Gewissens mehr empfehlen kann, als die aufgeführten hundert. Wir gehen jedoch davon aus, dass Sie ein handliches Nachschlagewerk einem „Telefonbuch" vorziehen, welches nach einem Monat nicht mehr aktuell und auch teurerer wäre. Wir haben den Mut zur Lücke und konzentrieren uns hier auf Restaurants, Cafés, Kneipen und Bars, die

- in den Städten liegen,
- außer eines Mindestalters keinen Zugangsbeschränkungen unterliegen,
- schon länger als drei Jahre existieren oder extrem erfolgreiche Senkrechtstarter sind.

Unser Ziel ist eine sinnvolle Auswahl für möglichst viele Gelegenheiten, die zum Wohle des Ganzen nur Lokale enthält, bei denen wir überwiegend positive Eindrücke gewonnen haben.

Deshalb werden Sie in diesem Buch zwar hin und wieder kritische Bemerkungen, aber keinen Verriss finden, sondern Besprechungen von Betrieben, die wir aus mannigfaltigen Gründen für durchaus unterschiedliche Personenkreise für empfehlenswert halten. Unser Geschmack ist, wie Sie feststellen werden, sehr breit gefächert. Aus den Texten mögen Sie herauslesen, ob es Ihnen da oder dort gefallen könnte.

So haben wir aus etwa fünfhundert uns bekannten Lokalen eine, zugegebenermaßen, harte Auswahl getroffen, die manchmal grenzwertig sein mag, aber für künftige Auflagen offen bleibt. Ihre konstruktiven Anregungen nehmen wir dankbar an und freuen uns auf ihre E-Mail.

Geben Sie also gerne Ihren „Schwabacher", „Erlanger", „Nürnberger" und „Fürther" „S.E.N.F." dazu, unter senf@brauereiatlas.de.

Zu unserer geografischen Unterteilung der Nürnberger Gastronomien folgender Hinweis: Der Stadtmauer-Ring ist hier Orientierungshilfe zur Abgrenzung vom „Zentrum". „Nördlich", „östlich", „südlich" und „westlich" gelegene Lokalitäten liegen – mit einer Ausnahme – außerhalb der Stadtmauer.

Wir wünschen Ihnen kulinarischen Spaß beim sachgemäßen Einsatz dieses Buches!

Ursula Drechsel, Boris Braun

DIE AUTOREN ...

Boris Braun, Jahrgang 62, ist als Autor des Standardwerkes „Brauns Brauerei Atlas" breiten Teilen der Anhängerschaft von Hopfenkaltschalen bestens bekannt. Zurzeit wird er mit seinen bisweilen kabarettistischen fränkischen Obstbrand- und Bierseminaren bundesweit gebucht und möchte mit dieser Veröffentlichung neue Duftmarken in der Heimat setzen.

Ursula Drechsel, Jahrgang 68, ist es als Regionalleiterin eines Bundesverbandes für Büroberufe ein Anliegen, Gästen aus nah und fern wirklich empfehlenswerte, individuell passende Gastronomie angedeihen zu lassen.

Beide arbeiten außerdem als empirische Kulinarforscher an einer wissenschaftlichen Langzeitstudie und sind von daher von Berufs wegen als unauffällige Gäste in gastronomischen Betrieben vielseitig einsetzbar.

Fotos oben:
Studio Spangenberg, Schwabach
www.spangenberg-fotodesign.de

Ferien mit Leib und Seele

TagesTicket PLUS
- Tag oder Wochenende gültig

verbundweit **14,70*** €

MobiCard
- MobiCard, 31 Tage ab 9 Uhr
- am Wochenende rund um die Uhr gültig
- übertragbar

verbundweit **77,-*** €

Die beliebten VGN-Freizeitlinien bringen herrliche Wanderungen und kulinarische Genüsse zusammen.

Steigen Sie ein: in den Bocksbeutel-, Aischgründer Bier- oder Bier-, Brotzeit- & Burgen-Express.

... und genießen Sie mit allen Sinnen!

Mehr Infos zu den Freizeitlinien unter:
www.freizeitlinien.vgn.de

Günstige Tickets für Ihre Ferien
TagesTicket Plus und MobiCard

- für 1–6 Pers. (max. 2 ab 18 Jahre)
- 2 Fahrräder anstelle von 2 Pers.
- erhältlich auch am Fahrkarten-Automaten und unter www.vgn.de/ticketshop

*Preisstand: 1/2010

www.vgn.de Verkehrsverbund Großraum Nürnberg

ERKLÄRUNG DER SYMBOLE

Neben den profanen, aber sicherlich wichtigen Informationen zu Sitzplätzen, Öffnungszeiten und Reservierungsmöglichkeiten geben viele Gastronomen unter dem Punkt „Besonderheiten" ebenso interessante wie unterschiedliche Dinge an, aber, lesen können Sie selbst, sonst hätten Sie wohl kein Buch in der Hand.
Zum anderen enthalten die folgenden Seiten einige Symbole mit danebenstehenden Texten. Diese sind zwar ein großes Stück weit selbsterklärend, dennoch ist es uns wichtig, auf die von uns gemeinten genauen Bedeutungen hinzuweisen. Auch betonen wir, dass es uns an diesen Stellen keinesfalls um eine Wertung geht.

Die obersten fünf Symbole sind in jeweils unterschiedlicher Reihenfolge angeordnet, nicht, um Sie als Leser zum Bildermemory anzuregen, sondern, um zu dokumentieren, welche Angebote in diesem speziellen Lokal mehr oder weniger Gewicht haben. Die Betreiber erzählen uns hier in Kurzform ihre Philosophie oder Art des Kochens, welche Weine oder zumindest Weine aus welchen Teilen der Erde sie führen, die Biere welcher Brauereien, den Kaffee welcher Rösterei und welche sonstigen aus dem Angebot herausragenden Getränke.

Das Thema Rauchen treibt Raucher und Nichtraucher in den letzten Jahren gleichermaßen um. Die momentane Gesetzeslage soll hier nicht näher erörtert werden, da sie wenig zur Klarheit beiträgt. Die momentane Realität kann schnell eine völlig andere sein: durch nicht allzu ferne Volksbegehren, EU-Verordnungen, Wahlen, Arbeiterrevolutionen ... Wir beschreiben daher den Ist-Zustand und gegebenenfalls die Pläne des Wirtes, die er nach der erwarteten, endgültigen Gesetzesänderung umsetzen will. Damit wollen wir in diesem eigentlich vom Blickwinkel der Bierzelte in der Landeshauptstadt her gesehen planlosen Chaos wenigstens etwas für Orientierung sorgen.

Je mehr Kinderköpfe kräftig eingeblendet sind, desto eher ist das entsprechende Lokal für Kinder geeignet bzw. gefällt es Kindern auch. „Blasse" Köpfe haben nichts mit Kinderfeindlichkeit zu tun, aber es findet sicher breite Zustimmung, wenn wir davon ausgehen, dass ein Kind in einer Cocktailbar, die um 21 Uhr öffnet, eher nicht gut aufgehoben ist. Die Köpfe signalisieren das Umfeld und die Angebote für Kinder und werden im Text erläutert.

Die € - Zeichen zeigen ganz wertfrei das Preisniveau an, Aussagen über die Stimmigkeit von Preis/Leistung können Sie dem Text entnehmen.

Die Parktipps stammen zu 90% von den Betreibern und bedürfen keiner Erklärung.

Das Kassensymbol links zeigt an, welche Zahlungsmöglichkeiten die Betreiber akzeptieren.

Mit der dezent darunter platzierten Werbung schaffen wir einen zusätzlichen Lesernutzen: Der nächste Geldautomat und die nächste Haltestelle mögen für viele von Ihnen hilfreich und uns einen Hinweis wert sein.

DE ROCCO
Eiscafe

Ludwigstraße 10
91126 Schwabach
Tel.: 09122/3626

Guido de Rocco

Sitzplätze:
innen 30,
außen 48

Öffnungszeiten:
täglich 9:00-20:30
kein Ruhetag
Mitte Feb - Mitte Okt
Mitte Okt - Mitte Feb geschlossen

Besonderheiten:
eine eigene Erfindung ist das Ingwereis

Reservierung:
unüblich, aber möglich

 hausgemachtes Speiseeis nach traditionellen Familienrezepten

 Giamaica Café aus Verona, 100% Arabica aus Haiti, oder Indian Nugget

 hervorzuheben sind der Kaffeelikör und der Eierlikör aus eigener Herstellung, die sich beide auf Eis besonders wohl fühlen

 Gutmann Weizen

 wird selten geordert

 nur draußen erlaubt

 Gibt es irgendetwas, das besser zusammenpasst als Eis und Kinder? Schade ist nur, dass das Lokal direkt an der Straße liegt. Eine Fußgängerzone wäre hier perfekt.

 Zahlung nur mit Bargeld möglich

 sehr faire Preise

 Nördliche Ringstraße 2a 75 m

 Bus 662, 667 und 668 Martin-Luther-Platz 75 m

 je nachdem, was in der City gerade los ist, wären unter Umständen ein paar hundert Meter zu laufen, mehrere Parkhäuser und -flächen befinden sich in diesem Radius

Die süßeste Versuchung ...

... in unserem Zielgebiet fanden wir hier. Die Erwartungshaltung war hoch angesiedelt, angesichts der selbstbewusst zur Schau getragenen Aussage eines lokalen Radiosenders, es handle sich um „Frankens beste Eisdiele".

Egal ob Nutellabecher und Tartufo für die Schokofraktion oder die zahlreichen Obst/Eisvariationen für Gesundheitsbewusstere, alles ein optischer und geschmacklicher Hochgenuss. Ein besonderer Tipp ist das Pistazieneis, wofür der leckere Rohstoff eigens aus „la citta del pistacchio", nämlich Bronte auf Sizilien, importiert wird. Es gibt bestimmte Feststellungen, auf die der sonst zurückhaltende Inhaber mit einigem Stolz großen Wert legt: Die stets vorrätigen drei bis vier Sorten Joghurteis macht Signore de Rocco immer mit frischem Obst, das Vanillieeis nur mit echten Schoten und nicht mit Pulver, was längst keine Selbstverständlichkeit mehr ist, da mit einiger Mehrarbeit verbunden. Seit 1911 verkauft die Familie selbstgemachtes Eis, seit immerhin 1966 existiert das Geschäft in Schwabach. Beim Eis hört das Selbermachen für die de Roccos noch lange nicht auf, denn auch in punkto Schokolade und Likör wird nichts dem Zufall überlassen – und das schmeckt man!

EL PASO

Das mexikanische Restaurant in Schwabach

www.elpaso-schwabach.de
info@elpaso-schwabach.de

Limbacher Straße 107
91126 Schwabach
Tel.: 09122/75777

Sahin Ismail

Sitzplätze:
innen 80,
im Garten 90

Öffnungszeiten:
Mo - Sa 17:30 - 23:00
So & Fei 17:00 - 22:30
kein Ruhetag

Besonderheiten:
Catering für Festivitäten möglich, mobile Küche vorhanden

Reservierung:
kann am Wochenende ratsam sein

 deftige mexikanische Küche: Nachos, Enchiladas, Tacos, Salate und Steaks

 10 ausgesuchte Cocktails, Spezialität: Caipis, internationale Schnäpse

 Ellinger Bier vom Fass und Gutmann

 Spanien, Italien, Mexiko

 Lavazza

 nur draußen erlaubt

 Kinderkarte

 kein Grund zu meckern

 an der wenig befahrenen Straße findet sich leicht ein Plätzchen

 Zahlung nur mit Bargeld möglich

 Limbacher Straße 102
170 m

 Bus 662 Bayernplatz 110 m

„Würzige Speisen in schön dekoriertem Lokal" ...

... fanden wir eine der geradlinigsten Ansagen, die man auf einer Homepage finden kann. Sahin Ismail und seine quirligen Brüder führen hier mit großem Engagement seit vielen Jahren einen ganz besonderen Betrieb.

Diese Leute haben die Gabe, jedem Gast das Gefühl zu vermitteln, ganz besonders wichtig und ein spezieller Freund des Hauses zu sein. Eine Auszeichnung aus dem Jahr 2000 zum „besten Mexikaner" kommt schließlich nicht von ungefähr. Also wird fleißig geordert: Eine von Hand und vor den Augen des Gastes zubereitete Erdbeermargarita erfrischt wohltuend als Aperitif, Pinot Grigio (3,80 €) und Kellerbier (2,60 €) lassen die üppigen Speisen besser rutschen. Der gemischte Vorspeisenteller aus verschiedenem Fingerfood ist für manchen Geschmack etwas frittierlastig, aber das ist wohl nicht nur im kurdischen Teil Mexikos so. Mit Hühnerbrust gefüllte, mit Käse überbackene und mit Zwiebel- und Tomatenwürfeln großzügig überhäufte Tortillas zu 10,50 € heißen Enchilada Pollo und sind gut und viel. Dazu gibt es heute auch noch Bohnencreme. Das Filet von der umfangreichen Steakkarte ist genau richtig und durch einen leckeren Scampispieß und Salat für 16,30 € passend ergänzt. Die Akustik im Gastraum ist nichts für Empfindliche, im Sommer empfiehlt sich ohnehin der wirklich schöne Garten.

GOLDENER STERN
Gasthof

www.trutschel-goldstern.de
Trutschel.GoldStern@t-online.de

Königsplatz 12
91126 Schwabach
Tel.: 09122/2335

Dieter Trutschel

Sitzplätze:
Gaststube 50,
Goldschlägerstube 30,
Hochzeitssaal 80,
Biergarten 80,
Terrasse 50

Öffnungszeiten:
täglich 11:00 - 23:00
kein Ruhetag
warme Küche täglich
11:00 - 22:30

Besonderheiten:
Dieter Trutschel betreibt zusätzlich eine mobile Feldküche und ein Internetportal **www.diba-gbr.de**, über welches er Blattgold, Weihrauch, Rosenblüten und andere Leckereien vertreibt.

Reservierung:
empfohlen, bitte telefonisch

 ehrliche, passioniert-fränkisch-feine Küche

 Weingut Hüßner, Wiesenbronn

 Spalter

 teilweise fassgelagerte Edelbrände aus Baden und Franken

 Burkhof

 nur draußen, angedacht ist eine Rauchmöglichkeit ab 21:00 im Saal, wo eine Theke geplant ist

 Kinderkarte auch mit Gesundem, Spielbereich im Garten

 Preis-Leistung absolut stimmig

 am besten ins Parkhaus, 90 min kostenfrei

 EC, VISA, Maestro

 Nördliche Ringstraße 2a
280 m

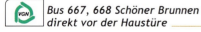 Bus 667, 668 Schöner Brunnen direkt vor der Haustüre

Der mit dem Gold kocht ...

... kann es auch ganz metallfrei. Klar hätten wir auch einen Schweinebraten für 7,70 € essen können oder einen Karpfen für 7,00 €, kaum einen fränkischen Klassiker lässt der Chef des Hauses aus. Aber wo sonst bekommt man schon so ein goldiges Angebot: ein dreigängiges Goldschlägermenue, das saisonal wechselt und beim Preis bei 26 € bleibt.

Da übertreiben wir es doch gleich maßlos und stimmen uns vorher passend mit dem Goldschlägertrunk ein, der, weil er aus einem „feinherb-würzigem Spezialrezept" besteht, Spaß macht und erfrischt. Was das Menue betrifft, ist im Verlauf eine klare Steigerung erkennbar. Die Rote-Bete-Suppe mit gebratenem Hühnchen ist geschmacklich fein, aber etwas rahmlastig und bei der Knoblauchcremesuppe hätte man die zu fettigen Croutons besser weg gelassen. Das Rehrückenfilet mit Wacholderrahmnudeln und Blaukrautflan ist genauso empfehlenswert wie die Rehsteaks mit Spätzle, die Entscheidung für Domina bzw. Rosé genau richtig. Der Knaller des Abends für uns: die Desserts – Preiselbeersorbet auf Sauerrahmsauce mit Whiskylikör sowie der Zwetschgenröster mit schwarzem Pfeffer auf Zimtparfait – geschmacklich nicht mehr zu toppen, auch nicht durch die ordentlichen Digestifs von Marille und Schlehe.

KONSTANTIN
Restaurant und Cocktailbar

www.konstantin-schwabach.de
info@konstantin-schwabach.de

Königsplatz 21
91126 Schwabach
Tel.: 09122/6318504

Konstantinos Nastos

Sitzplätze:
innen 120,
zahlreiche besonders bequeme Außenplätze

Öffnungszeiten:
So - Do 11:00 - 14:00
und 17:00 - 01:00
Fr & Sa 11:00 - 14:00
und 17:00 - 02:00
kein Ruhetag

Besonderheiten:
Konstantinos ist den Schwabachern schon jahrelang bekannt als Betreiber der soliden Familiengaststätte „Schießhaus"

Reservierung:
nie verkehrt

 traditionelle und moderne griechische Küche mit frischen Zutaten regionaler Herkunft

 reiche Auswahl an Cocktails, Longdrinks, Spirituosen, besonders Whiskeys und Cognacs an Schwabachs längstem Cocktailtresen

 griechische und andere europäische Weine

 Spalter, Gutmann Weizen

 leider nicht bekannt

 nur auf den beiden Terrassen möglich

 Küche reagiert flexibel auf Kinderwünsche

 woanders wären allein für das tolle Ambiente 50% mehr fällig

 am besten ins Parkhaus Hüttlinger, dort sind die ersten 90 min gratis

 nicht bekannt

 Nördliche Ringstraße 2a
280 m

 Bus 667, 668 Schöner Brunnen direkt vor der Haustüre

Postmodernes Ambiente in alten Kellern ...

... verführt hier sicher manch einen Erstbesucher dazu, erst einmal die Kompatibilität von Speisekarte und Geldbeutel zu checken, weil er glauben könnte, in den Designertempel einer Metropole gebeamt worden zu sein.

Schnell ist jedoch Entspannung angesagt im von modernen Lichtsäulen durchsetzten, länglichen Sandsteingewölbe, wozu auch die chillige Loungemusik in genau richtiger Lautstärke sorgt. Wir sind froh über unsere gute Erziehung, denn ohne Händewaschen vor dem Essen hätten wir so ein tolles Handwaschbecken, das wir auch wollen, nicht gesehen. Spätestens der nett auf teuerem Geschirr angerichtete olivenhaltige Gruß aus der Küche signalisiert uns dann endgültig, dass man hier Anderes als beim 08/15 - Griechen an der Ecke erwarten darf. Dieser Eindruck verfestigt sich mit der Selleriecremesuppe 3,90 €, die erfreulicherweise nicht nur ein Süppchen ist, und setzt sich bei der Fischplatte 14,50 € im Wesentlichen fort, jedenfalls, was das Pangasiusfilet, die Scholle, Calamares und Gamberi betrifft. Die Muscheln sind leider etwas zu hart geraten. Es folgt eine gute Portion zartes Lamm mit Reis und einer vorzüglichen Tomatensauce zu 12,90 €. Die Wahl des Desserts war ebenfalls eine gute: Crêpe mit Carambole und Vanilleeis mit karamellisiertem Apfel zu 4,90 €.

Da der Inhaber leider keine Zeit für uns hatte, mussten wir uns teilweise auf Informationen aus zweiter Hand stützen.

MÖNCHSHOF
Cafe Restauration

www.gastro-schwabach.de

Ludwigstraße 5
91126 Schwabach
Tel.: 09122/17818

Dieter Steiner

Sitzplätze:
innen 100,
im Garten 100

Öffnungszeiten:
So - Do 09:00 - 24:00
Fr & Sa 09:00 - 01:00
kein Ruhetag

Besonderheiten:
Dieter Steiner betreibt
in der Region viele namhafte
Lokale im Großraum.
Bleiben wir in der Region:
Café Prinz, Caffé Centro,
El Bandito, namensgleich
auch in Roth

Reservierung:
möglich

 Burkhof, Alfredo

 Schwerpunkt Italien und Spanien

 Kaiser-Bräu aus Neuhaus

 solides Allroundangebot an Cocktails und Spirituosen

 durchgehend warme Küche, Crossover mit Schwerpunkt Salat, Wochenkarte, Saisonkarte, jeden Do ist Bratentag

 nur im Garten möglich, im Winter beheiztes und überdachtes Rauchereck

 Malbücher sind vorhanden, Kinder werden gerne ins Geschehen integriert, alle Gerichte gibt es auch in klein

 Die Preise liegen zwischen 5 und 9 € pro Gericht und Salatfans werden richtig satt

 beim Markgrafensaal kostenfrei, 150 m zum Hüttlinger-Parkaus, dort sind 90 min frei, 100 m zum Sparkassenparkplatz

 Zahlung nur mit Bargeld möglich

 Nördliche Ringstraße 2a 75 m

 Bus 662, 667, 668 Martin-Luther-Platz 65 m

Viel essen ohne Reue ...

... ist bekanntermaßen am besten mit Hilfe von Salaten möglich. Und die sind hier definitiv eine Spezialität des Hauses; frisch und knackig, umspült von und nicht ertränkt in offenbar hausgemachtem Dressing, gereicht mit zwei verschiedenen Brotsorten suchen sie ihresgleichen.

Dabei spielt es keine Rolle, ob man sich für den kleinen gemischten, welcher eigentlich schon fast ein großer ist oder einen der wirklich großen Salate, der eine ganze Familie sättigen kann, entscheiden mag. Wenn drei an einem der typischen Bistrotische sitzen und einer beispielsweise den Salatteller mit gebratenen Champignonköpfen und Räucherlachs zu 8,80 € bestellt, dann wird es schon sehr eng an diesem Tisch. Auch das türkische Fladenbrot mit gebratenen Putenstreifen schmeckt sehr ordentlich. Bei den Spaghetti Carbonara wäre allerdings weniger eindeutig mehr. Sie sind zu kurz, zu dünn, und vor allem zu weich. Leider gibt es auch den für dieses Gericht unverzichtbaren Parmesan nur von der billigen Rinde. Sehr zu loben ist dann aber wieder der Schokoshake und beim zweiten Besuch die zweite Spezialität des Hauses. Das „Traumfrühstück" für zwei macht seinem Namen alle Ehre und lässt für 22 € keine Wünsche offen.

RAAB'S
Inspektorsgarten

www.hotel-raab.de
info@hotel-raab.de

Äußere Rittersbacher Straße 14
91126 Schwabach
09122/93880

Elfriede Raab

Sitzplätze:
Bierstube 20,
Restaurant 45,
Biergarten 80,
Nebenzimmer 60,
Saal 120

Öffnungszeiten:
Mi - Mo bis 14:00
und ab 17:00
Di ab 17:00 oder
nach telefonischer
Vereinbarung

Besonderheiten:
Hotel mit 60 Betten
WLAN für Gäste gratis,
Saal und Nebenzimmer
sind mietbar

Reservierung:
erwünscht

 Suppen, Salate, Steaks, Fisch, Braten, fränkische Saisonküche

 Frankenwein vom Weingut Wirsching, Iphofen

 Tucher, Lederer Pils

 wechselnde Sorten

 diverse Aperitifs und Digestifs von Lantenhammer vom Schliersee

 nur im Freien möglich; bei geschlossenen Veranstaltungen im Saal bzw. Nebenzimmer Rauchen erlaubt

 alle Gerichte, bis auf naheliegende Ausnahmen, auch als kleine Portionen, das Lokal liegt sehr verkehrsberuhigt

 was G'scheit's für aweng Geld

 genügend eigene Parkplätze vorhanden

 EC, Visa, Eurocard, amEx

 Nördlinger Straße 3
1400 m

 Bus 668 Lebenshilfe 925 m

Keiner schlägt den Raab ...

... vor allem nicht, was die saisonalen Gerichte betrifft. Der Besuch im Mai lohnte sich auf jeden Fall wegen des Spargelsüppchens (3,80 €), des Spargelsalates (9,90 €), der fränkischen Bratwurst (Stück 1,50 €), des Spargels mit Schinken und des Schweinebratens mit Kloß. Zum Nachtisch gab es einen Coup Dänemark zu 4,70 €.

    Egal, was man isst, alles schmeckt und kommt unspektakulär und fränkisch-ehrlich daher. Zum Filet gibt es hausgemachte Spätzle und wenn schon nicht beim Bier, so kann man auf jeden Fall beim Frankenwein mit der den Speisen angemessenen Qualität aufwarten. Durch den familiengeführten Gasthof und das Hotel, das gerne auch von Messebesuchern genutzt wird, führt uns der Weg direkt in den „Inspektorsgarten". Mit dem Namen seines Gartens ist das Lokal in der Gegend seit Jahrzehnten ein Begriff für verlässliche, bodenständige und hochwertige Küche. Unter schattigen Bäumen und auf gemütlichen Gartenstühlen fühlt man sich wie zuhause und verweilt gerne länger als geplant, manchmal sogar jahrelang, immer wieder.

BASILIKUM
restaurant & wein

www.basilikum-erlangen.de
(info@basilikum-erlangen.de)

Altstädter Kirchenplatz 2
91054 Erlangen
09131/490980

Stephan Unger

Sitzplätze:
innen 40,
außen 40

Öffnungszeiten:
Restaurant Di - Sa ab 18:30
Weinverkauf ab 15:30
So & Mo Ruhetag

Besonderheiten:
Dauerausstellung der
Ausdruckskünstlerin
Andrea Zimmermann

Reservierung:
ausdrücklich erwünscht,
bitte telefonisch

 mediterrane, italienisch-französisch angehauchte, gehobene Küche

 Deutschland, Italien, Spanien, Frankreich, Neue Welt

 Hausmischung vom Tee- und Kaffeeladen in der Friedrichstraße

 Schwerpunkt Destillerie La Berta, erlesene Grappe, diverse Digestifs

 Jever, Becks, Schneider Weizen

 nur draußen

 Kinder sind sehr seltene Gäste

 EC, Visa, Master, amEx

 *Martin-Luther-Platz 4
160 m*

 *Bus 202, 203, 205, 252, 253, 254, 283, 286, 287, 288, 289, 293
Martin-Luther-Platz 160 m*

 drei Stunden Vergnügen kann auch mal soviel kosten wie drei Handwerkerstunden

 am besten am Theaterplatz

Klein aber fein ...

... ist das „basilikum" in jeder Hinsicht. Es gibt nur sechs Tische und auf der Karte stehen wenige ausgesuchte Gerichte. Die Wände sind in basilikumgrün gehalten, die Einrichtung toskanisch-schlicht, die Atmophäre angenehm locker. Es fallen drei große Aktgemälde ins Auge, die sich unaufdringlich dem Raumverhältnis anpassen.

    Als es los geht, machen schon die Aperitivi, Prosecco mit Waldbeeren bzw. mit Holunder Lust auf mehr, da die Früchte außergewöhnlich gut zum Tragen kommen. Ein Menue, das für 49 € die Geschmacksnerven voll überzeugt, besteht aus Lachstartar mit Blattsalaten, Tortelloni auf weißen Trüffeln und Trüffelsoße, Dorade auf mediterranem Gemüse, und einer Überraschungs-Nachtisch-Trilogie: Kaffeesorbet , Cassismousse und Cocos-Vanilleeis. Die Gerichte von der Wochenkarte, Cannelloni auf Ricotta und Tomatensugo (12,80 €), Seeteufel-Saltimbocca mit Prinzesskartoffeln (24 €), Sorbet mit Cassis, Schokoladen- und Rum-Vanillemousse mit Früchten (9,80 €) lösen ebenfalls ausschließlich Beifall aus, die in unserem Fall begleitenden Weine bleiben mit 4,80 € bis 5,30 € preislich erstaunlich moderat. Die Rosenrankendeko rings um den Spiegel in der Damentoilette entschädigt für den Gang über den Hof. Zum Ende des Abends kommt Herr Unger aus der Küche, um seine zahlreichen Stammgäste persönlich zu begrüßen – sehr sympathisch!

BOGART'S
Musikkneipe

www.bogarts-sportheim.de

Güterhallenstraße 4
91054 Erlangen
09131/207565

Alexander Wittmann, Frank Kawretzke, Jürgen Stahl

Sitzplätze:
nicht bekannt,
Außenbestuhlung vorhanden

tägliches wechselndes Mittagsgericht für 4,90 €
Mo Schnitzeltag, Do Bratentag

Öffnungszeiten:
Mo - Do 10:30 - 01:00
Fr & Sa 10:30 - 03:00
So 14:00 - 01:00
kein Ruhetag

Tucher

Alfredo

Besonderheiten:
jeden zweiten Mo Kneipenquiz

handelsübliche Auswahl an Digestifs und Cocktails, viele Säfte

Reservierung:
nicht bekannt

europäische Weine

leider nicht bekannt

tagsüber im Freien sieht man häufiger auch Kinder hier

 nicht bekannt

€€€€€ besonders das Mittagsangebot ist preislich verlockend

 Hugenottenplatz 5
410 m

 Bus 30, 201, 203, 205, 208, 209, 252, 253, 254, 281, 284, 285, 286, 287, 288, 289, 294, 295 Arcaden 80 m

direkt in der Nähe wenige Chancen

Er schaut Dir in die Augen ...

... und stellt seltsame Fragen. So ein Kneipenquiz kann einen aus gastronomischer Sicht eher faden Montag ganz schön aufpeppen. Nicht nur das mitgealterte Stammpublikum in der alten Szenekneipe mag diese Art von Gehirnjogging und es ist voll. Ziemlich voll sind auch die Teller beim günstigen Mittagessen. Es mischen sich dann auch Geschäftsleute und Arkadenshopper unter die Gäste.

Was das Ambiente im Inneren betrifft, scheint man hier bewusst gegen den Strom zu schwimmen, denn was früher gut war, kann heute nicht schlecht sein. Damit wir uns nicht falsch verstehen: Das Lokal wirkt sauber und gepflegt, aber gutes altes Holz dominiert und auch die nicht zu helle Beleuchtung sorgt für ein heute sonst eher selten so entspannt-authentisch vorkommendes 80-er Jahre Kneipengefühl. Das Bogart's ist halt Kult!

Leider hatten die Betreiber für ein Gespräch mit uns keine Zeit, so dass alle hier veröffentlichten Angaben auf eigenen Recherchen beruhen und somit weder vollständig noch verifiziert sind.

BRAZIL
gut essen und trinken

Bismarckstraße 25
91054 Erlangen
09131/23455

Katja Helbig

Sitzplätze:
innen 65,
außen 6

Öffnungszeiten:
Mo - Fr 08:30 - 01:00
Sa & So 10:00 - 01:00
kein Ruhetag

Besonderheiten:
Party- und Lieferservice

Reservierung:
sonntags zum Buffet empfohlen

 wechselnde internationale Tageskarte mit Suppe, Fleisch, Fisch, Vegetarischem, Nudeln, Salate, Frühstück

 Penning aus Hetzelsdorf, Rittmayer aus Hallerndorf, Ott aus Oberleinleiter, Gutmann-Weizen, Hofmann aus Pahres

 Alfredo

 Franken, Italien, Frankreich

 Standards an Longdrinks und Digestifs

 momentan bis 17:00 rauchfrei

 wenige Kinder vorhanden, wenn, dann nur bis 17:00 und die Küche ist flexibel

 Happy Geldbeutel

 Zahlung nur mit Bargeld möglich

 Luitpoldstraße 34
160 m

 Bus 253 Fichtestraße 150 m

 nachmittags auf dem Schulparkplatz um die Ecke, abends ist insgesamt überall mehr Platz

Happy-Hours ...

... sind vielerorts dazu da, uns zu ärgern, weil sie zu völlig unpraktischen Zeiten stattfinden, meist mit dem Ziel, uns schon nachmittags zwei Promille zum Preis von einem einzuflößen.

Es geht aber auch anders: Im Brazil kann man sich auf ein „Happy Hetzi" freuen, das am Mittwoch und am Samstag zwischen 18 und 21 Uhr nur sagenhafte 1,90 € kostet, sonntags genießt man den Chill-Out zur gleichen Uhrzeit mit einem Weizen für nur 2 €, wenn man sich vom Happy-Brunch für 8,50 € erholt hat. Die Krönung allerdings ist die Happy Kuchenhour, täglich zur besten Gebäckzeit von 15-17 Uhr, ein Heißgetränk mit Kuchen kostet dann 3,50 €. Beim Reinkommen werden wir in dem in rotem Backstein gehaltenen, vorderen Gastraum gleich mit dem Hinweis in Form eines eingerahmten Plakats begrüßt, dass man hier auf gutes Essen und Trinken setzen kann. So ein lapidarer Hinweis entspannt ungemein, besonders wenn er von derart charmanten Servicekräften umrahmt wird, die mit ihrer chilligen Musikauswahl einen fröhlichen und bunten Kontrast zu den Scherenschnitten an den Wänden bieten.

DIE FISCHEREI
Salzfischzucht-Teichwirtschaft-Restaurant

www.die-fischerei.de
info@fischerei-oberle.de

Am Deckersweiher 24
91056 Erlangen
09131/45556

Familie Oberle

Sitzplätze:
„Alte Brennerei",
Brunnenstube und
Holzlege können
180 Gäste aufnehmen,
daneben gibt es
Außenplätze im Hof

Öffnungszeiten:
Küchenzeiten
Mi - So 17:30 - 21:00 sowie
Do - So 11:30 - 14:00
Mo & Di Ruhetage
ab Ende Juli 4 Wochen
Betriebsferien

Besonderheiten:
Führungen durch den
Fischereibetrieb möglich,
Fischerstecherturniere
auf dem Hofweiher

Reservierung:
möglich

 Fisch und vor allem Karpfen aus eigener Zucht und in jeder erdenklichen Form, klassisch und innovativ. Auch für Fleischesser und Vegetarier gibt es gute Angebote.

 hauptsächlich Franken

 Storchenbier der Brauerei Steinbach aus Erlangen

 feine Auswahl an Aperitifs und Digestifs

 leider nicht bekannt

 nur im Freien möglich

 Kinder können recht gefahrlos ins Freie

 hier ist alles sein Geld wert

 großer Parkplatz vorhanden

 nicht bekannt

 *Mönaustraße 71
1600 m*

 Bus 287 An der Kapelle 100 m

Familiensinn ...

... wird ganz groß geschrieben bei den Obeles, denn, glaubt man der Homepage, ist jedes Mitglied der Großfamilie mit vollem Einsatz an der Wertschöpfungskette der Fischzucht beteiligt, und wir haben keinen Grund, daran zu zweifeln.

Jedenfalls war es eine gute Idee, einen Teil des Fischereigutshofes am westlichen Rand Erlangens in ein schmuckes Fischrestaurant zu verwandeln. Nach einem Prosecco mit Pflaume (3,60 €) kommt ein Feinschmeckerteller für zwei Personen für 13 €, der leckere Variationen von kalten und warmen Vorspeisen bietet. Der kleine Karpfen (7 €) schmeckt, wie es sich gehört, wurde goldgelb herausgebacken und ist fettarm. Das Storchenbier (2,50 €) schmeckt dazu genauso gut wie der empfohlene Silvaner (2,90 €). Die eigentliche Überraschung sind für uns jedoch die überaus schmackhaften Zwergwelse, von denen es vier Stück mit Kartoffelsalat zu 8,50 € gibt. Sehr fein auch die Nachspeisen: Die Kosbacher Symphonie für 8 € bietet kleine Kuchen, Pralinen und Eis und hätte nach dem Fisch auch für zwei gereicht, aber dann hätten wir ja auf das hervorragende Schokoladenmousse (6 €) verzichten müssen.

Leider hatten die Betreiber an einem Gespräch mit uns kein Interesse, so dass alle hier veröffentlichten Angaben auf eigenen Recherchen beruhen und somit weder vollständig noch verifiziert sind.

ENTLAS-KELLER
Biergarten

www.entlaskeller.de
mail@entlaskeller.de

**An den Kellern 5-7
91054 Erlangen
09131/22100**

Geschäftsführer Friedrich Engelhardt

Sitzplätze:
4000 Freiluftplätze, davon 200 überdacht

 Kitzmann

Öffnungszeiten:
täglich 11:00 - 23:00
bei schönem Wetter von Frühjahr bis zum letzten Sonntag im September

 Gegrilltes und fränkische Bratenküche, hausgemachte Kuchen, handgeschöpfte Käse, Limburger aus Demeter-Milch, Emmentaler mit DLG-Medallie

 Seeberger

Besonderheiten:
von April bis September jeden Sonntag von 11 „bis die Glees grolld und kochd sin" Kellerführungen durch das Innere des Erlanger Berges

 fränkische Weine von Gebr. Müller aus Iphofen und Lother aus Wipfeld

 Brände aus Adlitz

Reservierung:
möglich

 kein Thema, bis zu 4000 Raucher haben Platz

 Der ganze Berg ist ein großer Spielplatz, Kinder haften für herabfallende Eltern

 Zahlung nur mit Bargeld möglich

 Onkel Dagobert würde sich hier eh nicht wohlfühlen und für alle anderen geht's

 *Martin-Luther-Platz 4
850 m*

 eigener Parkplatz 100 m bergabwärts, was strategisch gesehen schön ist

 *Bus 253 Böttigersteig 10 m
289, 288 Essenbacher Straße 250 m*

ERLANGER BERG IST IMMER ...

... zumindest den ganzen Sommer lang und zumindest hier in der Keimzelle dieses legendären Festes. Wer also entweder nicht genug kriegen kann vom Berg oder wem gerade der Hype um Pfingsten herum zuviel ist, dem sei der einzige im Sommer stets geöffnete Keller als Zweistundensanatorium ans Herz gelegt.

Die Abholstationen bieten mit Hähnchen, Bratwürsten & Co solide fränkische Grillkunst, wobei uns besonders die mit 2 € pro Stück nicht ganz billigen „Fränkischen" geschmacklich voll überzeugen konnten. Wer eine Abwrackprämie bekommt und noch nicht weiß, was er damit anstellen soll, kann überlegen, zu ungefähr dem Preis auch ausserhalb größerer Events mal einen Ochsen im Ganzen vorzubestellen. Die eigentliche Spezialität sind natürlich, der Name ist Verpflichtung, die Enten. 1/4 Ente mit Kloß und Blaukraut kostet 9 €. Fleischlos Lebende können übrigens nicht nur auf ordentliche Käsespätzle hoffen, der Demeter-Käse ist ein echtes Bio-Gedicht, was wir hier nicht unbedingt erwartet hätten.

FISCHKÜCHE NÜTZEL

Bayreuther Straße 33
91054 Erlangen
09131/21647

Christine Schubert

Sitzplätze:
innen 100,
im Garten 40

Öffnungszeiten:
Küche Mo 17:30 - 21:00
Küche Di - So 11:30 - 14:00
& 17:30 - 21:00
offen ist bis der letzte geht
Do Ruhetag
geöffnet nur in den Monaten
mit „R", also von September
bis April

Reservierung:
am Wochenende empfohlen

 Karpfen, Forelle, Waller, Zander, Hecht und Schleihe, aber auch Bratwürste und Schnitzel

 Frankenweine direkt vom Winzer, Popp Iphofen sowie von der Hofkellerei Würzburg

 Storchenbier von der Brauerei Steinbach aus Erlangen; Tucher

 Hertlein, Streitberg; Zeiß, Oberlindelbach; Roner, Südtirol

 spielt keine tragende Rolle

 nur im Freien möglich

 können im Hof spielen

 EC-Bezahlung möglich

 Martin-Luther-Platz 4 525 m

 Bus 288, 289 Haagstraße 150 m

 Preise liegen gut in der Mitte

 eigener Parkplatz

WIR SOLLTEN DIE GROSSTANTE WIEDER MAL BESUCHEN ...

... fällt uns beim ersten Blick auf das etwas schlecht belüftete Interieur ein. Also hinein ins holzvertäfelte Idyll und ran an die geradlinig zubereiteten Speisen.

    Die Gemüsesuppe für 2,90 € hätten wir uns sparen können, die Kernkompetenz liegt woanders. Dass die gebackenen Karpfen hier ausgesucht lecker sind, wissen wir von früheren Besuchen, also probieren wir etwas anderes von der recht übersichtlichen Speisekarte. Die frische, hausgemachte Forelle zu 10 € mit Toast, Meerrettich und Butter ist tadellos. Wer es nicht haben kann, vom Teller aus mit aufgerissenen Augen angestarrt zu werden, dem sei das in Butter gebratene Zanderfilet mit Salzkartoffeln und grünem Salat zu 12 € als äußerst schmackhafte Alternative empfohlen. Auf übertriebene Tellerdekoration wird verzichtet. Nicht unerwähnt bleiben darf die bestechend gute Auswahl an Frankenweinen. Uns begleitete ein 06-er Silvaner Kabinett trocken vom Würzburger Stein zu 25 €/Flasche. Wir haben beschlossen, auf jeden Fall irgendwann wiederzukommen und die Großtante gleich mitzubringen.

HAVANA BAR
Die Cocktailbar in Erlangen

www.havana-erlangen.de
info@havana-erlangen.de

**Engelstraße 17
91054 Erlangen
09131/205959**

Daniel Gruber, Martin Hubmann, Till Stürmer

Sitzplätze:
Gastraum 65,
überdachter Innenhof 34

Öffnungszeiten:
So & Mo 19:00 - 01:00
Di - Do 19:00 - 02:00
Fr & Sa 19:00 - 03:00
kein Ruhetag

Besonderheiten:
täglich 19:00 - 21:00 Happy Hour
Di 19:00 - 02:00 Happy Hour
So Pitcher Night

Reservierung:
erwünscht, auch kurzfristig
per E-Mail

 Cuba-Klassiker, Sekt Cocktails, Short Drinks, Long Drinks, Martinis, Tropicals, Coladas, Strong Drinks, Alkoholfreie, Caipis, Bowls & Pitcher, Sours, Fizzes, After Dinners

 Lederer Pils, Tucher Weizen, diverse wechselnde Szenebiere

 Italien und Chile

 Segafredo

 Snacks

 noch offen, die Tendenz geht eher zu einem komplett rauchfreiem Lokal

 nicht für Kinder geeignet

 Zahlung nur mit Bargeld möglich

 *Martin-Luther-Platz 4
170 m*

 *Bus 202, 203, 205, 252, 253, 254, 283, 286, 287, 288, 289, 293
Martin-Luther-Platz 170 m*

 gemessen am sonstigen Preisniveau Erlangens sehr günstig

 Theaterplatz und Fuchsenwiese in der Regel ab 18:00 gebührenfrei

Gelungen gemixt ...

... erscheint hier nicht nur das Publikum. Jugendstil-Ambiente mischt sich zwanglos mit angenehmer kubanischer Musik in einer Lautstärke, die auch intensivere Gespräche zulässt.

    Die etwas verwinkelten Räume schaffen eine intime Atmosphäre. Anzugträger mischen sich mit Studentenpublikum, was in Erlangen ein entscheidender Indikator für einen besonders gut gehenden Laden ist. Die Karte zeigt uns eine Auswahl von um die 140 Cocktails, und ist dennoch auch für ungeübte Trinker intuitiv schnell erfassbar und übersichtlich. Übersichtlichkeit ist auch bei den Preisen angesagt, jedes Getränk kostet 5,90 €, die Strong- und Long Drinks 1 € mehr. Wir bestellen uns einen „Mint Melon", der optisch sehr ansprechend, erfrischend und fruchtig-süffig schmeckt. Der Daiquiri kommt als Stimmungsmedizin gerade recht. Auf den Toilletten ist Beweglichkeit gefragt, denn dort ist es sehr eng. Aber der Planter´s Punch erweitert unseren Horizont wieder ein Stück, so dass die angenehme Gelassenheit bald wieder erreicht ist. Für Autofahrer muss die Bar kein Sperrgebiet sein, gibt es doch 28 leckere alkoholfreie Cocktails, alle für 4,90 €, zur Happy Hour-Zeit gerade mal 3,50 €. Der „Samoa" aus Kokos, Zitronensaft, Vanilliesirup, pürierten Erdbeeren und Maracujasaft ist jedenfalls jeden Cent wert.

LENNOX
Steak & Seafood

www.lennox-erlangen.de
kontakt @lennox-erlangen.de

Martin-Luther-Platz 10
91054 Erlangen
09131/209989

Thomas Sczepansky, Manfred Winter

Sitzplätze:
innen 50,
außen 50

Öffnungszeiten:
Mo - So ab 17:00
kein Ruhetag

Reservierung:
kurzfristig nur telefonisch,
per mail bitte mindestens
24 Stunden vorher

 Steaks aus Iowa und Argentinien, Seafoodgerichte, Salate

 Zirndorfer, Kloster Scheyern, Tucher, Jever

 wechselnde Weine weltweiter Herkunft, auch hochwertigere Weine im offenen Ausschank

 Obstbrände aus der Edelbrennerei Haas in Pretzfeld, Grappe von Rohner aus Südtirol und Villa Mazzolini

 Alfredo

 das Restaurant bleibt rauchfrei, an einer guten Regelung für Raucher wird gestrickt

 flexibles Speisenangebot

 EC, Visa, Master, amEx

 *Martin-Luther-Platz 4
10 m*

 *Bus 202, 203, 205, 252, 253, 254, 283, 286, 287, 288, 289, 293
Martin-Luther-Platz 80 m*

 jeder nach seinem Geschmack: man kann für ein Steak soviel ausgeben wie für ein 4-Gang-Menue

 am Theaterplatz, ca 200 m E-Werk, 250 m

Marktlücke erkannt ...

... in Erlangen, wo es eigentlich schon alles gibt, ein solches Lokal aber doch gefehlt hat. Es ist ein schickes, modernes Restaurant, das so gar nichts vom rustikalen Charme eines durchschnittlichen Steakhauses hat und sich auch vom Angebot her nicht einreihen lassen will in dröge Beliebigkeit.

Draußen sitzen wir wie auf einer italienischen Piazza mitten in der Stadt, nur mit mehr Ruhe. Wir beginnen mit warmem Ziegenkäse auf Schweizer Würfelbrot mit Honig und Walnuss gratiniert zu 4,50 €, gefolgt von gebratenem Schwertfischfilet mit Oliven, Tomaten und Kapern mit Sommergemüse als Beilage zu 16,50 €. Beides sehr zu empfehlen, ebenso wie als Nachtisch das Pfirsichtiramisú (4,50 €). Auf der anderen Seite des Tisches sorgt das Lennox-Menue zu 24,50 € für Entzückung: Vitello tonnato, pikante Zucchinisuppe mit Garnelen, gebratenes Schwertfischfilet und zum Abschluss ein Schokoladensoufflé mit Pfirsichen. Den einzigen Schönheitsfehler finden wir auf den Toiletten, aber wahrscheinlich ist dieser Papierabroller nur geliehen, denn er passt so gar nicht hierher.

MENGIN

*Café, Restaurant,
Konditorei, Biergarten*

Schloßplatz 5
91054 Erlangen
09131/21969

Familie Gros

Sitzplätze:
Gastraum 110,
Nebenzimmer 70,
Saal 70,
Außenbestuhlung 220

Öffnungszeiten:
Mo - Sa 08:00 - 18:30
So 09:00 - 18:00
kein Ruhetag

Besonderheiten:
Lage direkt am schönen
Botanischen Garten
ohne Autoverkehr

Reservierung:
leider nicht bekannt

 hausgemachte Kuchen und Torten, Mittagsgerichte ohne Geschmacksverstärker

 leider nicht bekannt

 leider nicht bekannt

 leider nicht bekannt

 leider nicht bekannt

 im Freien

 Spielecke im ersten Stock

 nicht unbedingt ein Studentenlokal

 am Theaterparkplatz

 nicht bekannt

 *Hugenottenplatz 5
150 m*

*Bus 30, 201, 203, 205, 208, 209, 252,
253, 254, 281, 284, 285, 286, 287,
288, 289, 294, 295 Arcaden 550 m*

Es gibt Lokale ...

... auf die man, selbst wenn man wollte, in einem solchen Büchlein nicht verzichten kann.

Mit einem Blick auf den Schloßpark nahe dem Botanischen Garten sitzen wir auf der großen Sonnenterasse und genießen dort vollkommen autoverkehrsfrei die große Kaffeeauswahl, z. B. „Biedermeier" natürlich mit „Eier"- und Aprikosenlikör, ganz „bieder" abgerundet mit Sahnehaube) und dazu ein Stück Kuchen oder Torte (Stück um die 3 €) aus der sehr umfangreichen Angebotspalette der hauseigenen Konditorei, in unserem Fall die vortreffliche Johannisbeer-Mascarpone-Baisertorte, die Joghurt-Heidelbeertorte und ein Joghurtfruchttörtchen. Das Angebot eines „Kinder-Cappuchino" (Kakao mit Milchschaum) zeigt uns, dass man hier unter den Gästen wirklich jedes Alter findet. Falls sich der Mittagshunger rührt, können hier übrigens auch Nudelgerichte verzehrt werden, die wir allerdings nicht getestet haben.

Leider hatten die Betreiber an einem Gespräch mit uns kein Interesse, so dass alle hier veröffentlichten Angaben auf eigenen Recherchen beruhen und somit weder vollständig noch verifiziert sind.

PAPA JOE'S
Bar & Restaurant

www.papajoes-erlangen.de
E-Mail über den Kontaktbutton auf der Homepage

Hauptstraße 103
91054 Erlangen
09131/202250

Udo Helbig

Sitzplätze:
150 Plätze

Öffnungszeiten:
im Sommer Di - Sa ab 19:00
im Winter Di - Sa ab 18:00
So & Mo Ruhetag

Besonderheiten:
jeden zweiten Donnerstag Karaoke, täglich Cocktail-Happy-Hour 18:00-20:00 und 23:00-24:00;
Herr Helbig betreibt außerdem den Studentenclub „Zirkel" nebenan

Reservierung:
möglich

Crossover-Wochenkarte, Steaks, Nachos, Soups, Salads, Starters, American & Mexican Food, Fajitas, Pizze, Desserts

70 Cocktails, überwiegend Klassiker, aber auch einige eigene Kreationen, Caipis, Sours, Fizzes, Coladas, Tropicals, Shots, Aperitifs, Longdrinks, Whiskeys, Whiskys, Cognac, Brandys, Calvados, Grappe, Digestifs, Rum, Wodka, Gin, Tequila

Tucher, Jever, Zirndorfer, Beck's

Italien, Spanien, Kalifornien und Franken

Lavazza super crema

Restaurantbereich bleibt rauchfrei. Bewirtschafteter, normal bestuhlter Raucherraum vorhanden

Kinder kommen eher selten, wenn, dann reagiert die Küche flexibel

 EC, Visa, Master, amEx

besonders die Aktionen und Happy-Hour-Preise sind bemerkenswert günstig

 Martin-Luther-Platz 4
80 m

 Bus 202, 203, 205, 252, 253, 254, 283, 286, 287, 288, 289, 293
Martin-Luther-Platz 85 m

Fuchsenwiese, Theaterplatz, ansonsten den Altstadtparkschildern folgen

PETER WACKELT UND ALLE WACKELN MIT ...

... beim Adventssingen, dieser einzigartigen Kultveranstaltung von und mit dem Entertainer Peter Wackel, der hier bei einem Karaokewettbewerb entdeckt wurde und diesen glücklichen Umstand dann mit Gästen zwischen 18 und 80 aus ganz Deutschland zu feiern pflegt.

Bei solchen Gelegenheiten verwandelt sich das Papa Joe's, in dem es durchaus auch mal ruhiger zugehen kann, in einen wahren Partytempel. Von den 170 Cocktails und Spirituosen fließen dann die Pitchers gleich palettenweise. Letzteres gilt selbstverständlich auch zu Erlangens „fünfter Jahreszeit", denn wir sind hier genau in der Einflugschneise und somit in einer „after-Berg-Kneipe" gelandet. Wir waren an einem wackelfreien Abend da und machten die Bedienung auf die zu hohe Temperatur der sonst recht ordentlichen Kürbissuppe (3 €) aufmerksam. Daraufhin wurden die Fajitas, bestehend aus Pute, Hähnchen, Shrimps, Tortillas und zweierlei Saucen, vorsichtshalber deutlich kühler serviert. Hellseherische Fähigkeiten bewies das Personal beim Steak (300 g zu 17 €): Es kam punktgenau zwischen „medium" und „durch", ohne dass vorher danach gefragt wurde. Der Nachtisch ebenfalls fein: Vanilleeis mit Honig, Zimt und Waffel zu 6,80 €.

RÖMMING
Altböhmische und fränkische Küche

www.roemming.de
info@roemming.de

Apfelstraße 2
91052 Erlangen
09131/22970

Thomas Clever

Sitzplätze:
Gaststätte 80,
Nebenzimmer 35,
Biergarten 50

Öffnungszeiten:
täglich 11:30 - 22:00
warme Küche 11:30 - 14:30
und 18:00 - 22:00
in den Sommermonaten nur
am Wochenende
nachmittags Brotzeitkarte
kein Ruhetag

Besonderheiten:
Catering möglich;
Familie Clever betreibt
außerdem den Schwarzen Bär
in der Inneren Brucker Straße 19

Reservierung:
erwünscht, am Wochenende
durchaus erforderlich

 böhmisch und fränkisch, täglich Mittagsmenue

 Zirndorfer, Krusovice, Lederer

 aus Franken und Böhmen, ausschließlich direkt vom Winzer

 fränkische und böhmische Edelbrände unterschiedlicher Hersteller

 Lavazza

 im Gastraum rauchfrei, im Garten und im überdachten Innenhof darf geraucht werden

 Kinderkarte

 normale Preise

 EC, Visa, Master, AmEx

 Hugenottenplatz 5 200 m

Bus 30, 201, 203, 205, 208, 209, 252, 253, 254, 281, 284, 285, 286, 287, 288, 289, 294, 295 Arcaden 550 m

 am Theaterplatz oder auf dem Großparkplatz hinter dem Bahnhof mit Fußgängerunterführung

ECHT CLEVER ...

... die gute böhmische Küche nun - kurz vor Redaktionsschluss - auch noch um das Fränkische zu erweitern, liegen die Zutaten doch sozusagen vor der Haustüre.

Den Leuten vor Ort vertrauen wir jedenfalls, dass auch die Schäufele und Enten „scho bassn wern". Deftig geht es im Römming ohnehin schon zu und es schmeckt super. Im Biergarten mit direktem Zugang zum Schlossgarten waren die Rahmsuppe mit frischen Pfifferlingen (3,80 €) und die Zucchini „Moldauer Art" mit Currysauce (8,90 €) dem Spätsommer angemessen. Winterwärts, in der rustikalen Stube dann, kann an trüben Novembertagen nach der Leberknödelsuppe besonders Personen mit finsteren Vorahnungen oder Suizidgedanken die „Henkersmahlzeit" (Katova Pecene), ein pikanter Rinderbraten mit feuriger Sauce, Champignons, Tomaten, böhmischen Knödeln und gemischtem Salat zu 8,90 € ans Herz gelegt werden. Das ändert sicher die Stimmungslage, und wenn nicht, dann hat man wenigstens was G'scheit's im Magen. Die guten Rindfleischgerichte sind jedenfalls für uns das herausragende Merkmal dieses Lokals.

TRANSFER
Café, Raucherlounge

www.bar-net.de
info@bar-net.de

Westliche Stadtmauerstraße 8
91054 Erlangen
09131/26929 und von 11:00 - 16:00
09131/207127

Volkmar Ziche

Sitzplätze:
20 Plätze

Öffnungszeiten:
Mo, Di, Mi 21:00 - 02:00
Do 21:00 - 03:00
Fr & Sa 21:00 - 04:00
So Ruhetag

Besonderheiten:
erste DJ-Bar Bayerns

Reservierung:
nicht möglich

 Beck's, Meister, Budweiser, Gutmann Weizen, Zwickel-Bergbier vom Faß

 Tod in Kairo, Cuba Libre, Caipirinha, diverse Spirituosen wie Mezcal, Oben

 leider keine genaueren Angaben zu bekommen

 italienischer Biowein, Sekt

 Raucherlounge, für Mitglieder, Mitgliedschaft sofort möglich, Zusendung des Türcodes via E-Mail bzw. Online-Antrag auf der Homepage

 ab 18

 alles easy

 zum Großparkplatz sind es 100 Meter

 Zahlung nur mit Bargeld möglich

 Hugenottenplatz 5
330 m

 R2, Bus 30, 203, 204, 205, 252, 253, 254, 281, 283, 284, 285, 286, 287, 288, 289, 293, 294, 295 Bahnhof 250 m

Auch Nichtraucher sind willkommen ...

... im stets innovativen Club hinter dem Erlanger Bahnhof. Hier gründete der Berliner Volkmar Ziche bereits im Jahr 1983 den ersten DJ-Club Frankens, ja sogar Bayerns und machte das Transfer zu einem nächtlichen Wallfahrtsort für die musikalische Undergroundszene.

Zu Trendsetter Ziche kamen alle bekannten und weniger bekannten „Independents" und solche, die sich in dem entsprechenden Umfeld wohl fühlen. Sie kommen auch heute noch, weil dieser Club sich immer wieder neu aufstellt, aktuell bleibt und ein großstädtisches Lebensgefühl symbolisiert. Das hat zunächst einmal nichts mit dem Nikotinkonsum an sich zu tun und die Argumentation, dass Rauchen vor der Türe Nichtrauchern gegenüber fairer wäre, ist nicht von der Hand zu weisen, funktioniert schließlich in anderen Ländern auch. Vergessen wird jedoch leider, dass es ein urdeutsches Phänomen gibt, dem zufolge es die ruhebedürftigsten Menschen in die Städte zieht, und zwar am liebsten in die Nähe von Kneipen. Ihre Ruhe setzen solche Leute gerne auch gerichtlich durch, wobei sie keine Chance hätten, wenn die Kneipe keine Kneipe, sondern beispielsweise eine Druckerei wäre. Rauchen vor der Türe verursacht halt auch betriebsbedingten Lärm und deshalb können manche Betriebe nur als Raucherclub überleben. Den Erlangern wäre das Transfer jedenfalls auch weiterhin zu wünschen.

ZEN

*Cocktail-Bar &
Thai-Restaurant*

www.zen-erlangen.de
info@zen-erlangen.de

**Theaterplatz 22
91054 Erlangen
09131/9733166**

Peter Knöpfler & Uli Krug

Sitzplätze:
Restaurant 64
+ 25 im 1. Stock,
Außenbereich 160,
Nebenraum 2. Stock 60,
Cocktailbar 30,
Lounge-Bereich 30

Öffnungszeiten:
täglich ab 18:00
kein Ruhetag

Besonderheiten:
das ehrwürdige Haus
ist an sich schon eine
große Besonderheit;
alle Speisen zum Mitnehmen
abzgl. 10%

Reservierung:
erwünscht, am gleichen Tag
bitte nur telefonisch

 alle erdenklichen, sehr authentischen Thai-Wok-Variationen von Ente, Hühnchen, Garnelen, Tintenfisch, Schwein und Gemüse, zubereitet ausschließlich von Köchen aus Thailand

 breite Palette an Cuisine-Cocktails (mit der Küche verwoben, z.B. mit Thaigewürzen), Klassikern und Eigenkreationen

 Frankenweine von Wirsching aus Iphofen, Weine aus Spanien, Italien und Chile

 Steinbach-Bräu

 Lavazza

 bei geschlossenen Feiern nach Absprache, sonst nur im Freien

 Kinder kommen eher selten mit

 nachvollziehbar, stimmig und ehrlich

 EC, VISA, Master, amEx

 Martin-Luther-Platz 4
200 m

 Bus 202, 203, 205, 252, 253, 254, 283, 286, 287, 288, 289, 293
Martin-Luther-Platz 200 m

 Theaterplatz und Fuchsenwiese in der Regel ab 18:00 gebührenfrei

Thai-Food ...

... ist sehr in Mode gekommen in den letzten Jahren und das nicht ohne Grund. Das Essen gilt als gesund, bekömmlich, vielfältig und schmackhaft. Mittlerweile gibt es in der Region einige gute Lokale, wobei die wenigsten vom Ambiente her über den Status eines besseren Imbisslokals hinaus kommen.

Wir sind der Meinung, wer mit solch einem Küchenkonzept ein Fass wie das ebenso altehrwürdige wie weitläufige Erich-Haus aufmacht, der hat Beachtung verdient. Vom Geschmacktest kann uns natürlich kein noch so schöner Jugendstil abhalten. Der Vorspeisenteller für zwei Personen (11,80 €) heißt „ZEN Ruamit" und besteht aus Wan-Tans, vegetarischen Frühlingsröllchen, Saté-Spießen und Gemüse in Tempurateig, dazu gibt es einen Chili-Dip 11,80 €. Das liest sich nicht nur gut... Pat Priew Wan - süß-sauer mit Gurke, Tomate, Zwiebel, Paprika und Ananas mit Ente zu 11,80 € und Khao Pad – gebratene Nudeln mit Gemüse und Garnelen zu 12,80 € sind die gewählten Hauptspeisen. Sie begeistern uns, weil Gemüse und Nudeln perfekt gewürzt, schön knackig und genau richtig aus dem Wok kommen. Den Abend besonders rund macht dann noch die Tatsache, dass dank der Weingüter Wirsching und Bründlmeyer schöne Weine und dank einer tollen Bar mit Fruchtcocktail-Smoothies (Tropical und Forest je 5,50 €) gesunde Nachspeisen auf den Tisch kommen.

ALBRECHT-DÜRER-STUBEN

www.albrecht-duerer-stube.de
www.albrecht-dürer-stube.de
info@albrecht-duerer-stube.de

Albrecht-Dürer-Straße 6
90403 Nürnberg
0911/227209

Familie Höllerzeder

Sitzplätze:
bis zu 60 Plätze

 Nürnberger Spezialitäten mit internationalem Einschlag

Öffnungszeiten:
Mo - Sa 18:00 - 24:00
Fr & So zusätzlich 11:30 - 14:30
im Advent zum Christkindlesmarkt zusätzlich Sa 11:30 - 14:30
So abend Ruhetag,
Familienfeiern nach Absprache

 Frankenweine von den Gütern Schmitt in Randersacker, Schloss Sommerhausen, Braun in Fahr am Rhein, Apfelbacher in Dettelbach

 Landwehr aus Reichelshofen, Gutmann aus Titting

Besonderheiten:
verschiedene Auszeichnungen für gute Küche vom Hotel- und Gaststättenverband und vom „Wettbewerb Bayerische Küche"

 ausgesuchte Brände und Liköre aus Franken und Europa

 leider nicht bekannt

Reservierung:
nur persönlich oder telefonisch von 09:00 - 24:00

 nur im Freien möglich

 auch für Kinder findet sich immer etwas Schmackhaftes

 nicht bekannt

 Das Essen macht hier nicht arm, besonders fair sind die Getränkepreise kalkuliert

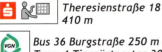 Theresienstraße 18
410 m

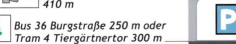 Bus 36 Burgstraße 250 m oder Tram 4 Tiergärtnertor 300 m

 zum Parkhaus am Hauptmarkt sind es 3 Minuten zu Fuß

IN ÜBER 450 JAHRE ALTEN FACHWERKMAUERN ...

... hat sich einiges angesammelt. Jeder Quadratzentimeter Wand wird genutzt, um ein noch so kleines Bild aufzuhängen.

Derart überfordert ist es für die Augen gesünder, dies alles auszublenden und sich auf das Essen zu konzentrieren. Sehr originell ist der Vorspeisenteller mit allerhand fleischigen Nürnberger Kleinigkeiten für 6,90 €. Bei der Küche gibt man sich konsequent saisonabhängig, der eigene Kräutergarten kann von den Gästen in Augenschein genommen werden. Einer hervorragenden Spargelcremesuppe (4 €) folgen ein sehr guter Spargelsalat zu 5,30 €, Lendchen mit Butterspargel und Reis (14,90 €), Penne mit Gemüsewürfeln in Bärlauchsauce (8,50), Entrecôte vom Rind mit Kräuterbutter, Röstkartoffeln und Spargel (15 €), und ein Erdbeer-Rhabarber-Pfannküchlein mit Erdbeersauce und Vanilleeis zu 4,80 €. Eine Seltenheit ist auch die Likörauswahl (je 2 €). Wir entscheiden uns für Grand Manier, Johannisbeere und Melone – alles sehr lecker. Gute Weinbegleiter gibt es ab 3,20 € für den „echten Schoppen" oder ein „echtes Seidla" für nur 2,30 €.

Hier haben wir selbst gefehlt. Nach einem verpassten Termin hatten die Betreiber keine Lust mehr auf ein Gespräch, was wir an dieser Stelle ausdrücklich bedauern.

A Tavola

Bar Italiano
Vinoteca Ristorante

Theresienplatz 7
90403 Nürnberg
0911/337687

Alessandro Franco

Sitzplätze:
innen 35,
außen 35

Öffnungszeiten:
Mo - Sa 11:00 - 22:00
So/Fei Ruhetag

Besonderheiten:
man arbeitet mit dem Nachbarn zusammen, ist das „Il Nuraghe" doch eine der angesagtesten italienischen Feinkosthandlungen

Reservierung:
empfohlen

in erster Linie Pasta, Antipasti aus der Vitrine, Schinken, Käse, Fisch; wechselnde Gerichte

offene Weine ab 3,50 € für 0,2l; 80 verschiedene Weine aus allen Regionen Italiens, Schwerpunkt Sardinien; Verzehr im Restaurant flaschenweise mit 7 € Korkgeld gegenüber dem Straßenverkauf

Moka Rica aus Forli (Ravenna)

Grappe, Amaro 3 € pro 2cl

nur im Garten möglich

Kinder sind eher seltene Gäste, die Küche reagiert für diesen Fall flexibel

insbesondere bei den Weinen erstaunlich günstig

in der näheren Umgebung relativ hohe Fluktuation, „fare un giro" (kreisen) lohnt sich also

 Zahlung nur mit Bargeld möglich

 *Theresienstraße 18
110 m*

 Bus 36, 46, 47 Rathaus 290 m

Kommt zu Tisch ...

... zu Alessandro! Geschäftig geht es zu in der Mittagspause der vielen Bürotätigen um die „Bar Italiano" herum. „Kein Gericht dauert länger als ein paar Minuten", verspricht der Chef, „wir sind ein einfaches, ein schnelles Lokal".

Trotz hektischer Betriebsamkeit in Küche und Service bleibt Zeit für ein paar nette Worte, Alessandro behält den Überblick. Die Zusammenarbeit mit dem angrenzenden sardischen Feinkostladen wirkt sich wohltuend auf die Qualität der Speisen aus, und die Weine sind in dieser Ecke der Stadt vom Preis-Leistungsverhältnis her unerreicht. Auch für abends ist besonders der Garten ein schöner Rückzugsort für nette Zusammenkünfte. Antipasti misti (8,50 €), Carpaccio di manzo (9 €), Spinettini (fadendünne Nudeln) mit Parmaschinken und Zitrone (8,50 €), als Dessert Tartuffo nero oder Cassata, beides mit marktfrischen Zwetschgen und Birnenspalten zu je 4,50 €, alle Speisen erfüllen durchaus höhere Ansprüche. Absolut überragend, und da sind wir uns alle einig, ist der Espresso. Das „A Tavola" ist eine Insel, die jeder Großstadt gut zu Gesicht stünde.

BRATWURSTHÄUSLE
bei St.Sebald

www.bratwurst-haeusle.de
info@bratwurst-haeusle.de

Rathausplatz 1
90403 Nürnberg
0911/227695

Werner und Kai Behringer

Sitzplätze:
im Restaurant 90,
auf den zwei Terassen 160

Öffnungszeiten:
Mo - Sa 10:00 - 22:30
Küche 10:00 - 21:30
So Ruhetag

Besonderheiten:
Bratwürste können auch
per E-Mail bestellt werden.
Die Behringers betreiben
außerdem das „Goldene Post
horn" am Sebalder Platz und
das „Bratwurst-Glöcklein"
im Handwerkerhof

Reservierung:
für bis maximal 20 Personen
möglich

 Nürnberger Rostbratwürste, saure Zipfel, Knöchle, Zunge, Herz, Stadtwurst; Mo, Mi, Fr Schäufele

 Tucher

 Frankenweine der Domäne Graf von Schönborn

 Fränkische Geister und Brände von Hertlein aus Streitberg

 Burkhof, Jakobs

 nur auf den beiden Terrassen möglich

 Kinderportion: 4 Bratwürste; verkehrsberuhigte Zone; Wickeltisch; Kinderhochstühle

 für Lage, Qualität und Bekanntheitsgrad noch recht moderat

 Parkhaus Augustinerstraße

 EC ab 30 € Rechnungssumme

 *Theresienstraße 18
230 m*

 Bus 36 Hauptmarkt 10 m

Mit einem Franken an jedem Tisch ...

... gilt eine Nürnberger Wirtschaft normalerweise als voll. Im Bratwursthäusle ist das anders, da ist es fast immer wirklich voll. Auch dem sperrigsten Zeitgenossen bleibt nichts anderes übrig, als sich irgendwo dazu setzen zu lassen. Hauptgrund sind sicher die Touristen aus aller Welt, für die ein Besuch hier zum selbstverständlichen Programm gehört.

Sitzplätze sind vor allem in den Sommermonaten, zur Spielwarenmesse und im Dezember Glückssache. Ein weiterer Grund für den regen Betrieb ist auch sicher die Tatsache, dass die meisten Einheimischen finden, das Bratwursthäusla sei schlicht das Beste seiner Zunft. Neben den fingergroßen und jetzt auch von der EU geschützten Hackpretiosen, die beispielsweise als Sixpack mit Beilage für 6,20 € oder gleich zu zwölft für 11 € zu haben sind, wird als Vorspeise eine feine Leberknödelsuppe im Kupferkesselchen zu 2,90 € serviert. Als Beilage zu den „Nürnbergern" empfehlen wir eindeutig, wenn auch der Kartoffelsalat recht ordentlich ist, das Sauerkraut, das hier genau die richtige Menge Kümmel enthält. Wem das angebotene Bier nicht schmeckt, dem raten wir, die Würstchen mit einem fränkischen Roten (3,70 €) oder einer Spätlese (4,70 €) zu versenken.

CHONG'S DINER
The Original

Obstmarkt 5
90403 Nürnberg
0911/2349997

www.chongs.de

Thilo Chong

Sitzplätze:
innen 90,
außen 50

 Burger, Salate, Steaks, Fingerfood – das Fleisch für die Burger stammt von der Gourmetmetzgerei Wolf in der Bucher Straße

Öffnungszeiten:
Mo - Mi 17:00 - 24:00
Do - Sa 11:00 - 01:00
So 11:00 - 24:00
kein Ruhetag

 über 20 verschiedene Cocktails, von 22:00 - 24:00 Happy Hour alle Cocktails und Longdrinks abzgl. 2,50 €, hervorzuheben sind auch die Milch- und Joghurtshakes

 Tucher, tschechisches Budweiser

Besonderheiten:

Reservierung:
bis 20:00 für Gruppen
bis 10 Personen möglich

 Café Moak

 kleine Auswahl aus Italien, Frankreich, Spanien und Chile

 nur im Freien möglich

 kleine Portionen machbar, Burger können halbiert werden

 Zahlung nur mit Bargeld möglich

 Bei dem Anspruch an die Produktqualität kaum billiger zu schaffen

 Hauptmarkt 18
150 m

 Bus 36 Hauptmarkt 60 m

 ein paar Meter Fußweg müssen in Kauf genommen werden

Was sich wie Fast-Food liest ...

... muss nicht immer schnell gegessen sein. Zwar kommen die Speisen nach einer angemessenen Zubereitungszeit recht zügig auf den Tisch, dann allerdings geht es eher slow zu, dafür sorgen schon die gigantischen Portionen.

    Beim Verzehr, beispielsweise eines Cheeseburgers mit klassisch-amerikanisch zubereitetem Krautsalat und obligatorischen Pommes zu 9,50 €, entwickelt jeder so seine mehr oder weniger erfolgreiche Strategie. Deckel drauf lassen, Deckel runternehmen, Messer und/oder Gabel nehmen, ach, das soll doch jeder für sich herausfinden. Einfach so in die Hand nehmen und reinbeißen geht jedenfalls gar nicht unfallfrei, zumindest nicht bei Menschen unseres Bautyps. Gleiches gilt für die Sandwiches, von denen wir uns das „Chicken Salad mit Champignons und Curry" (9 €) bringen ließen. Geschmacklich sind alle, vor allem mit dem wirklich sehr guten Fleisch zufrieden und wir sind uns einig, dass jeder Vergleich mit irgendwelchen Bulettenketten einer Beleidigung gleichkäme. Von den Getränken sei eine Sache hervorgehoben, die besonders für Kalorienbewusste zur Gewissensberuhigung gut geeignet ist: es gibt hausgemachten Zitroneneistee ohne Zucker (2,80 € für 0,4l).

CRÊPERIE DU CHATEAU

freundlich-fein-französisch

www.creperieduchateau.de
info@creperieduchateau.de

Untere Schmiedgasse 5
90403 Nürnberg
0911/2110108

Guy Ody

Sitzplätze:
innen 28,
außen 8

Öffnungszeiten:
Di - Fr ab 18:00
Sa ab 16:00
So ab 18:00
Mo Ruhetag

Besonderheiten:
einmal monatlich
französische Chansons live!

Reservierung:
erwünscht

 täglich frische, kleine Tagesauswahl, Fisch, Fleisch, Galettes, Salate, Pasteten, Crêpes, hausgemachter Kuchen, Käse

 französische Weine

 Aperitifs, Digestifs: feine Auswahl; keine Cocktails

 Malongo aus Südfrankreich

 Veldensteiner, Gutmann

 nur auf der Terasse

 für einen kurzen Besuch durchaus auch mit Kindern machbar

 Zahlung nur mit Bargeld möglich

 man kann den Abend kurz oder lang gestalten, niemand zwingt Sie hier zu nichts

 Theresienstraße 18
340 m

 ganz ganz bitter

 Bus 36 Burgstraße 210 m

DER FRISCHE FRANZOSE ...

... heißt Guy Ody und ist uns immer wieder gerne einen Besuch wert. Hier finden wir alles für einen perfekten Abend zu zweit. Zum übersichtlichen Tagesangebot an frisch zubereiteten Speisen werden von außerordentlich dezenten und charmanten Servicekräften passende und hochwertige Weine ab 3,70 € angeboten. Die maurisch gefliesten Wände beherbergen nur wenige Tische, von denen keiner dem anderen gleicht.

So wurde hier eine unkomplizierte Wohnzimmerromantik geschaffen, die selbst in diesem ohnehin romantischen Teil der Altstadt ihresgleichen sucht, wobei wir zugeben, noch nicht alle Wohnzimmer gesehen zu haben. Wir beginnen klassisch mit einer recht delikaten Zwiebelsuppe und feinen Schnecken von der Standardkarte und wechseln dann zur Tageskarte. Sowohl das Entenmousse in Portwein als auch die Wildkaninchenterrine zu je 7,70 € sind hervorragend und auch mit der Wahl des Syrah Rosé als Begleiter sind wir zufrieden. Eine außergewöhnlich gute Empfehlung ist jedoch der Sauvignon Touraine zu den Flammkuchen, die es ab 4,50 € gibt, in unserem Fall mit Spargel, Schinken und Roquefort bzw. marinierter Pute, Zucchini, Tomate und Schalotte. Wenn es denn zu den unvermeidlichen süßen Köstlichkeiten - zum Beispiel einem der guten Crêpes oder einer selbstverständlich hausgemachten Creme Brulèe - auch noch ein Weinchen sein soll, empfehlen wir zur Abrundung des Abends gerne den etwas üppigeren Merlot.

CUCINA ITALIANA
Ristorante Pizzeria Cafe Bar

www.cucina-online.de
info@cucina-online.de

Königstraße 51
90402 Nürnberg
0911/2019750

Anna-Maria, Pina, Eugenio, Carlo

Sitzplätze:
innen 60,
auf der Terrasse 30

Pizza & Pasta, Tageskarte mit anspruchsvolleren Fleisch- und Fischgerichten

Öffnungszeiten:
täglich 11:00 - 24:00
kein Ruhetag

italienische Weine aller Qualitätsstufen

Besonderheiten:
günstiger Mittagstisch

Glossner aus Neumarkt

Reservierung:
möglich, am Wochenende abends oft erforderlich

Grappe und andere Digestivi

leider nicht bekannt

nur im Freien möglich

Kinder lieben Pizza und Pasta

EC, Visa, Master, amEx

mittags sensationell niedrig, abends gehoben

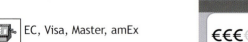
Lorenzer Platz 12
240 m

U1 Lorenzkirche 180 m Bus 46, 47
Heilig-Geist-Spital 150 m

mit Glück fast vor der Tür, ansonsten Pech gehabt; zahlreiche Parkhäuser sind jedoch nicht allzu weit weg

Ein Angebot, das wir nicht abschlagen können ...

... in dieser Gegend, umzingelt von Touristenfallen und Lokalen für Geschäftsleute mit schlechtem Geschmack? Ja, es ist möglich! Mitinhaberin Pina hatte schon immer gute Ideen, eröffnete sie doch schon vor mittlerweile Jahrzehnten den ersten Supermercato in Nürnberg und zeigt sich auch hier innovativ.

Die günstige Mittagsspeisung mit Spaghetti Carbonara und Penne al Salmone zu je 5 €, dazu einen 0,1-er Vino della Casa zu 2 €, stempelt das Lokal für uns aufgrund fehlender Hektik nicht zur Imbissbude, sondern macht Lust auf ein Abendessen. Wer die Geschäftsfrau Pina kennt, weiß genau, dass dies die kalkulierte Absicht ist. Abends geht es dann in der Tat doch ein bisschen nobler zu und es ist ratsam, auf die Empfehlung des Personals zu hören. In unserem Fall war dies nach den punktgenau aus dem Wasser gefischten Spaghetti Gamberi eine sehr schöne Fischplatte für zwei (38 €), wenn man ganz kleinlich ist, mit einem etwas zu lange gegrilltem Tintenfisch. Hausgemachte Windbeutel zu 4 € kriegt man auch nicht überall zum Dessert und so gute schon gleich zweimal nicht, also essen wir zwei. Das Cucina Italiana ist authentisch, schnörkellos und günstig, ein Geheimtipp in Schaufensterlage!

Leider hatten die Betreiber für ein Gespräch mit uns keine Zeit, so dass alle hier veröffentlichten Angaben auf eigenen Recherchen beruhen und somit weder vollständig noch verifiziert sind.

DREI RABEN
Lounge und Cocktailbar

www.hoteldreiraben.de
info@hoteldreiraben.de

**Königstraße 63
90402 Nürnberg
0911/274380**

*Die Drei Raben:
Daniela Hüttinger, Ralf Steinmann, David Davis*

Sitzplätze:
30

Öffnungszeiten:
geöffnet täglich
von 06:00 - 01:00,
Cocktails täglich ab 21:00
kein Ruhetag

Besonderheiten:
Nürnbergs erstes Themen-
hotel mit einzigartig
individuell eingerichteten
Zimmern

Reservierung:
unüblich

 Die langsamsten und individuellsten Drinks der Stadt

 Segafredo

 häufig wechselnde Weinauswahl, die 3 Raben probieren und kredenzen nur, was ihnen selbst schmeckt

 Schanzenbräu aus Nürnberg-Gostenhof

 nur draußen

 Kinder kommen eher selten vorbei

 alles im rabenüblichen Rahmen

 auf Nachfrage Platz in der Hotelgarage vorhanden

 EC, Visa, Master, amEx

 *Lorenzer Platz 12
310 m*

 *U1, U2, U3, diverse Regional- und S-Bahnen, Tram 5, 7, 8, 9, Bus 43, 44, N1 bis N15 Hauptbahnhof 300 m
Bus 46, 47 Heilig-Geist-Spital 400 m*

Wenn es dunkel wird und die letzte Apotheke zu macht ...

... schlägt die Stunde der „Drei Raben". Bar-Chef David Davis gehört zu den Menschen, die auch ohne Schlips und Fliege trotz recht jugendlicher Ausstrahlung eine gereifte Persönlichkeit darstellen. Seine Empfehlungen haben Hand und Fuß, er mixt professionell und hat obendrein das Talent zum Entertainer.

Das Angebot dieser Hotelbar ist ein lobenswertes Beispiel dafür, was engagierte Mitarbeiter auf die Beine stellen können, wenn man sie nur lässt. Die Karte zeugt jedenfalls von geballter Kompetenz und lässt keine Wünsche offen. Das Ambiente mutet futuristisch an, ohne an Originalität einzubüßen, das Mobiliar bleibt dabei schlicht, fast schon etwas spartanisch. Insgesamt wirkt der Laden schon recht nobel, und weil er von außen sehr gut einsehbar ist, wird potentielle Laufkundschaft sicher ein bisschen abgeschreckt. Passende Gäste dürften allerdings auch nur über Mundpropaganda hierher finden, da jegliches auf ein öffentliches Lokal hinweisendes Marketinginstrument fehlt. Wir beginnen gleich mit einem „Kamikaze" und einem „Bounty", genießen einen „Guantanamo Cooler", der erheblich leckerer ist als sein Name, saugen uns dann endgültig fest an Klassikern wie „Mai Tai" und „Green Coconut". Die Drei Raben neigen weise den Kopf und fragen: „Wer fährt?" Ganz klar, wer den „Zombie" nicht mehr schafft und stattdessen einen „refreshing Raven" bestellt.

ESSIGBRÄTLEIN
Gewürzküche

Weinmarkt 3
90403 Nürnberg
0911/225131

Inhaber Andree Köthe, Küchenchef Yves Ollech

Sitzplätze:
25 Plätze

Öffnungszeiten:
Di - Sa 12:00 - 15:30 und
19:00 - 01:00
Küche 12:00 - 13:30 und
19:00 - 21:30
So & Mo Ruhetag

Besonderheiten:
2 Michelin-Sterne

Reservierung:
erwünscht

 eigenständige Küche mit regionalen, saisonalen Produkten; mittags keine Speisekarte, Empfehlungen gibt es dann direkt vom Chef am Tisch

 handwerklich gemachte Weine von aufstrebenden Winzern; Schwerpunkte Europa, Deutschland und Bordeaux

 riesige Auswahl an Digestifs regionaler und internationaler Spitzenbrenner

 Nespresso

 Landwehr Rothenburg

 gar nicht

 kulinarisch geschulte Kinder sind durchaus in Begleitung willkommen

 EC, Visa, Diners, Eurocard, amEx

 die Skala müsste in diesem Fall bis 8, was die Weine betrifft bis 10 reichen

 *Theresienstraße 18
360 m*

 Parkhaus Hauptmarkt

 Bus 36 Weintraubengasse 120 m

Essbare Kunst ...

... zaubern die Meister der Gewürzküche in Nürnbergs ältestem Restaurant, das mit seinen Butzenscheiben an eine Bratwurstküche erinnert. Wenn man schon mal hier ist, in einem der besten 27 deutschen Restaurants, sollte man nicht aufs Geld schauen, sondern einfach genießen.

Ein Besuch bei Andree Köthe und Yves Ollech hat mit Nahrungsaufnahme nur sekundär zu tun, es ist vielmehr Kunstgenuss auf allerhöchstem Niveau. Von dem Menü für 104 €, das sich jenseits spektakulärer Zutaten an heimischen Produkten orientiert, nichts wegzulassen, war eine gute Entscheidung: diverse Grüße aus der Küche, vor allem die Gewürzröllchen, sorgen schon für erste Geschmacksexplosionen auf der Zunge. Fenchel mit Gurke und Zitrone, Seeforelle mit Blumenkohl, Kürbis mit Kräutern, Steinbutt auf Walnüssen, Lammrücken mit weißen Bohnen an grünem Bohnensaft und Lammbauch mit Dukka und Staudensellerie, warme Mango mit Vollmilchschokoladeneis. Perfekte Garzeiten und sensationelle Gewürzmischungen sind die Geheimnisse des Erfolges. Es wird ein enormer Personalaufwand betrieben. Den herausragenden Empfehlungen des Sommeliers, Herrn Jakir, zu folgen, ist ein nicht zu vernachlässigender Kostenfaktor, aber ein unverzichtbarer i-Punkt. Die 0,1-er Weine kosteten zwischen 7 und 12 €.

ESTRAGON

Mediterrane Küche-Feste feiern-Catering

www.estragon-nuernberg.de
helmut.ehrhardt@estragon-nuernberg.de

Jakobstraße 19
90402 Nürnberg
0911/2418030

Thomas Villmow

Sitzplätze:
innen 30,
außen 25

Öffnungszeiten:
Di - Fr ab 11:00
Sa & So ab 17:00
Mo Ruhetag

Besonderheiten:
ab und zu gibt es ein
„No light Dinner",
4 Gänge zu 33 €
Dinner mit musikalischen Einlagen
monatlich Themenmenueabende mit Livekünstlern

Reservierung:
abends notwendig,
bitte telefonisch

 Schwerpunkt ist die frische, kreative Küche mediterraner Art
Di - Fr mittags „Quicktipp" ab 3,90 €

 ausschließlich Bioweine internationaler Herkunft

 Rothenburger Landwehr, Gutmann

 Gullo-Café vom Röster nebenan

 acht verschiedene Grappe

 nur draußen im Garten

 Sonderwünsche werden berücksichtigt

 alles im dunkelgrünen Bereich, die Quick-Tipps zum Mittagessen sind fast geschenkt

 Parkhaus am Jakobsplatz

 EC, Visa, Maestro, Eurocard

 Färberstraße 19
50 m

U1 Weißer Turm 350 m oder U2, U3 Opernhaus 370 m

Ambitioniert gekocht ...

... wird im Nürnberger „Estragon" schon seit einigen Jahren. Durch ihren Besuch leisten die Gäste auch einen Beitrag zur sozialen Wiedereingliederung chronisch kranker Menschen.

Allerdings braucht man mit diesem Umstand lange nicht mehr zu werben, man stellt sich völlig zu Recht dem Wettbewerb mit breiter Brust. Hätte es uns nicht geschmeckt, wäre das Lokal nicht in diesem Büchlein vertreten. Knackiger Marktsalat zu 2,80 €, Vorspeisenquartett, bestehend aus Shrimps, Schinken, Salami, Antipastigemüse und Schafskäse zu 5,90 €, gebratenes Tilapiafilet auf Zitronengrasrisotto mit Sprossengemüse und geröstetem Sesam (11,90 €), alles sehr pfiffig zubereitet und angerichtet. Verführung von dreierlei Edelfischen mit Spargelgemüse und Kräuterkartoffeln (12,90 €) mundet ebenfalls, wobei der Sauce der letzte Schliff fehlt, Kokosnussmousse mit Kiwischeiben, Topfenpalatschinken (je 3,80 €). Der Trebbiano zu 4,80 € passte zum Fisch am besten. Der Einrichtung sieht man erst, wenn man sehr genau hinschaut an, dass hier mit wenig Geld Ansprechendes erschaffen wurde. Ein günstiger und gleichzeitig hochwertiger Mittagstisch zu 4,90 € rundet das Angebot stimmig ab.

KAISERBURG
Böhmische Spezialitäten

www.kaiserburg.de

Obere Krämersgasse 20
90403 Nürnberg
0911/6400586 und 0176/22657788

Pavlina und Vladimir Krizek

Sitzplätze:
in der Gaststube 38,
im Kellergewölbe 45

Öffnungszeiten:
Di - Fr 17:00 - 01:00
Sa 14:00 - 01:00
So 12:00 - 21:00

Besonderheiten:
mittelalterliches Keller-
gewölbe mit hohem
Gemütlichkeitsfaktor

Reservierung:
besonders im Winter ratsam

 typisch böhmisch, selbstgemachte Knödel inklusive

 Pilsner Urquell, Staropramen hell und dunkel, Budwar, Gambrinus, Schanzenbräu Rot

 Becherovka, Slivovitz

 tschechische Variante mit Satz

 aus Böhmen und Mähren

 im Gang und draußen

 Knödel mit Sauce, Pommes, kleine Schnitzel

 Zahlung nur mit Bargeld möglich

 in Anbetracht der Riesenportionen kann man sagen: nur geschenkt ist billiger

 Theresienstraße 18 330 m

 Bus 36 Burgstraße 190 m

 wegen der guten Biere lieber mit Öffis kommen

Burgfräulein Pavlina ...

... begrüßt ihre Gäste mit geradezu euphorischer Herzlichkeit und bittet zu Tisch. Der obere Gastraum wurde liebevoll mit einer rot-goldenen Tapete und golden eingerahmten Bildern geschmückt, selbst die Eingangstüre ist von innen tapeziert.

Man erkennt deutlich, dass Tschechen die Kaiserburg „erobert" haben und seitdem ist hier endlich wieder etwas los. Die Steintreppen hinabsteigend, im großen Kellergewölbe stellen Nostalgiker erleichtert fest, dass es die alte Ritterrüstung noch gibt. Was das Essen betrifft, so wird hier nicht gekleckert, sondern geklotzt, die Portionen sind riesig und schmecken lecker. Wir genießen Champignonköpfe mit Salat zu 5,30 € und Knoblauchsuppe zu 2,70 €. Für 9,70 € gibt es „Gebratene Forelle, mit diversen Kräutern, Salz und Kümmel behandelt, angerichtet mit zerlassener Butter, Knoblauch und Zitronenscheibe. Beilage Salzkartoffeln" – und zwar „nach Art der Dobromila Rettigova, weltbekannte Köchin und Lebensmittelsachverständige der K. u. K.-Monarchie". Der Teufelsbart für 3,10 € würde als alltagstaugliches Abendessen zum Bier auch genügen. Sehr angenehm: Einfach nur Fußball schauen und Bier trinken geht auch.

KRAKAUER HAUS
Restauration Kopernikus und Bar Europa

www.restauration-kopernikus.de
www.bar-europa.de
info@bar-europa.de

Hintere Insel Schütt 34
90403 Nürnberg
Restauration 0911/2427740
Bar 0911/2355363

Restauration André Reinert & Richard Graf
Bar: Karel Jahns

Sitzplätze:
Erdgeschoss 40,
1. Stock 40,
Biergarten ca 300,
Bar 28

Öffnungszeiten:
Restauration ganzjährig 17:00 - 24:00, bei schönem Wetter nur Gartenbetrieb,
im Winter nur So/Fei ab 12:00

Biergarten ganzjährig bei schönem Wetter tagsüber ab 12:00

Bar So - Do bis 02:00, Fr & Sa bis 03:00, im Winter ab 19:00, im Sommer ab Sonnenuntergang

Bar im Sommer So & Mo Ruhetag, Restauration kein Ruhetag

Besonderheiten:
Turmzimmer für Feierlichkeiten mit preiswerten Buffets zu mieten

Reservierung:
telefonisch besonders am Wochenende in beiden Lokalen empfohlen

 in der Bar bar, Restauration EC - Bezahlung möglich

 Lorenzer Platz 12
625 m

 U2, U3 Tram 8, 9 Wöhrder Wiese
400 m

 polnische und fränkische Karte, insbesondere viele Brotzeiten mit Krustenbrot von der Bäckerei Walzel, Sonntag Schäufele

 in der Restauration polnisches Tyskie, Gutmann, Spalter, Meister, Krug, Hetzelsdorfer, Gräfenberger Lindenbräu

 in der Bar: über 220 teilweise preisgekrönte internationale Cocktails von Klassik bis Exotik in der Restauration fränkische Obstbrände

 in der Bar: Rösterei Café Nori, Beckschlagergasse

 in der Restauration: Franken und Italien, Rioja in der Bar: Riesling von der Mosel und Primitivo aus Apulien

 in der Bar: nur draußen
in der Restauration im Garten

 in der Bar ist das Erscheinen von Kindern eher unüblich, in der Restauration gibt es alles auch als Kinderportion, der Garten lädt auch Kinder zum Wohlfühlen ein

 es muss klar unterschieden werden: die Speisen liegen in Anbetracht der großen Portionen eher im Schnäppchenbereich, bei den Getränkepreisen ist man nicht ganz zimperlich

 im Karstadt-Parkhaus oder am Prinzregentenufer gegenüber

Europa wächst zusammen ...

... und die Städtepartnerschaft mit Krakau hat sich für die Nürnberger schon allein wegen der Inspiration zu diesem Lokal gelohnt. Im Sommer sind die Gartenplätze hart umkämpft und wir müssen am Eingang des überraschend großen und von der Straße nicht einsehbaren Biergartens warten.

    Neben Zeit auch Hunger mitzubringen ist von Vorteil. Der Borschtsch für 3 € ist frisch und gut gewürzt, für 4,20 € gibt es sehr viele Radieschen mit reichlich Brot. Piroggen Prager Art (mit Frischkäse gefüllte Teigtaschen) mit Kartoffeln, Sauerrahmtipp und glasierten Zwiebeln kosten 8,60 €, die wie bei Muttern schmeckende Rinderroulade mit Kloß gibt es für 9,80 €, hervorragende, hausgemachte Fleischküchle und Kartoffelsalat für 7,80 €. Das angebotene polnische Bier (3 €) ist trotz harter fränkischer Konkurrenz wettbewerbsfähig. Um den Abend abzurunden, empfiehlt es sich, dann noch die Bar Europa im Erdgeschoß aufzusuchen. Klassiker wie Mai Tai und Caipi 2000 werden in weit überdurchschnittlicher Qualität gemixt und die „Spice Girls" schafften es, mit Pfeffer und Ingwer zubereitet, beim Cocktail-Award 2006 sogar auf das Siegertreppchen.

NEEF
Confiserie Café

www.confiserie-neef.de

nürnbergs süßeste verführung ®

Winklerstraße 29
90403 Nürnberg
0911/225179

Karl Neef

Sitzplätze:
innen 45,
außen 30

Öffnungszeiten:
Mo - Fr 08:00 - 18:00
Sa 07:00 - 17:00
So Ruhetag

Reservierung:
nicht möglich

 Kuchen, Torten, Pralinen, Schokolade, Teegebäck, Lebkuchen

 keine Angaben

 nur draußen

 alle Kinder mögen Süßes

 „Der Neef ist teuer" ist ein weit verbreitetes, aber falsches Gerücht

 Parkhaus am Hauptmarkt

 EC-Bezahlung möglich

 Hauptmarkt 18
140 m

 Bus 36 Hauptmarkt 100 m

Gebäck für Frühaufsteher ...

... bietet die Confiserie Neef, von vielen als die beste Konditorei in der Region bezeichnet. Im dritten Anlauf schaffen wir es, so frühzeitig anzutreten, dass in der Auslage noch Anlass zur Qual der Wahl besteht.

Kaffee und Kakao schmecken eher belanglos, aber das ist hier völlig egal, der Fokus liegt ganz klar auf Süßem. Die Stücke sind reichlich groß. Der Geist ist willig, das Fleisch ist schwach. Darum genießen wir je einen Kuchen und eine Torte und sind dann gut gesättigt. Das Auge könnte gut und gerne noch die gesamte Auswahl in der Ladentheke bestellen. Und anschließend noch Pralinen und Gebäck sowie Marzipankartoffeln. Die Kuchen und Torten kosten zwischen 2,50 € und 3 €, werden alle im Hause handwerklich hergestellt und suchen geschmacklich vergeblich ihresgleichen. Der Meister selbst bietet übrigens auch selbstgeschriebene Backbücher an. Aus dem kleinen Verkaufsraum steht die Kundschaft bis auf die Straße Schlange und figurtechnisch muss man manchmal froh sein, dass das kleine Café immer sehr konsequent pünktlich geschlossen wird.

SCHWARZER BAUER
Bräustüberl Altstadthof

www.hausbrauerei-altstadthof.de
info@hausbrauerei-altstadthof.de

Bergstraße 19
90403 Nürnberg
0911/227217

Reinhard Engel

Sitzplätze:
innen 40,
im Hof 25

Öffnungszeiten:
täglich 11:00 - 01:00
kein Ruhetag

Besonderheiten:
Hier wird vor Ort gebraut, Brauereibesichtigungen auf Anfrage. Herr Engel betreibt außerdem im gleichen Ensemble den am Wochenende recht lebhaften Schmelztiegel, die Altstadthofbühne sowie einen kleinen Laden mit Nürnberger Spezialitäten.

Reservierung:
gerne auch unter reservierung@hausbrauerei-altstadthof.de

 aus der Hausbrauerei Altstadthof: Hell, Rotbier, Schwarzbier, Weizen, nach Saison heller und dunkler Bock, alles aus ökologischen Rohstoffen

 fränkische Frischküche

 hausgemachte Bierbrände: Schwarzbierbrand, Bockbierbrand, Rotbierbrand, Weißbierbrand

 Frankenwein aus dem Weingut Castell

 Eilles

 draußen befindet sich ein überdachter Raucherbereich

 Kinderkarte mit reicher Auswahl, Möglichkeit, im Hof zu spielen

 *Die Preise sind der Qualität der Rohstoffe voll angemessen*

 in der Regel sollte man ein paar Meter Fußweg einplanen

 EC, Visa, Maestro

 Theresienstraße 18
260 m

 Bus 36 Burgstraße 120 m

NÄCHTLICHE IMBISSE MIT QUALITÄT ...

... haben wohl weltweit eher Seltenheitswert. Obwohl die Küche ab 23 Uhr eigentlich kalt ist, bekommen wir von einer sehr um unser Wohl besorgten Bedienung auch deutlich danach noch das, was halt da ist, nämlich eine ganz vortreffliche Gulaschsuppe zu 4,10 € mit Biofleisch drin und freuen uns über ein Seidla (0,5 l für 3,10 €) des über alle Zweifel erhabenen Altstadthofbieres.

Reinhold Engel, Braumeister der ersten deutschen Bio-Brauerei im Altstadthof und Chef des gesamten dortigen kleinen Imperiums, ist ein fanatischer Verfechter des Guten und Reinen in Bier, Schnaps und Essen und hat wohl auch deswegen einen Spagat geschafft, der es Touristen, Messegästen und einheimischen Stammgästen gleichermaßen ermöglicht, sich wohl zu fühlen und zu genießen. Der Tresenbereich ist von Sauberkeit und Ordnung her am ehesten mit einem Operationssaal zu vergleichen, ohne dabei steril zu wirken, das eher brave Ambiente wird beim Blick auf launige Angebote relativiert: „Vier in am Bier"- gemeint sind Nürnberger Bratwürste im Biersud- hinterher ein Schwarzbierbrand, der übrigens bei der renommierten Destillata in Salzburg als „Edelbrand des Jahres 2008" ausgezeichnet wurde und der hervorragend geeignet ist, sich mit Whisk(e)y-Experten einen Spaß zu machen.

SOUPTOPIA
Suppenbar

www.souptopia.de
info@souptopia.de

Lorenzer Straße 27
90402 Nürnberg
0911/2406697

Pavel Skorka

Sitzplätze:
innen 30,
außen 16

Öffnungszeiten:
Mo-Do 11:00-19:30
Fr & Sa 11:00-17:00
So & Fei Ruhetag

Besonderheiten:
Lieferdienst mittags,
Catering mit einem Vorlauf
von minimal 2 Tagen möglich

Reservierung:
eher nicht machbar

 Suppen, Panini, Salate

 de Francesco

 Krusovice, Schöfferhofer

 Frankreich, Spanien, Italien, Deutschland

 nur im Freien möglich

 Die Küche reagiert flexibel auf Wünsche nach kleinen Portionen

 völlig in Ordnung

 Katharinenparkhaus, Parkplatz der Nürnberger Versicherungen

 Zahlung nur mit Bargeld möglich

 Königstorgraben 2
100 m

 Tram 8, 9 Marientor 70 m

Suppen aus aller Welt ...

... im täglich wechselnden Angebot gehen von dem Inhaber-Paar an Straßenpassanten und Leute, die in der Nähe arbeiten.

Alle nutzen die Souptopia gerne für ein preisgünstiges Mittagessen oder als kleines Abendessen nach Feierabend. Täglich wandern etliche hundert Portionen über den Tresen. In dem Einraumrestaurant, mit einem kleinen Außenbereich auf dem Gehweg, kocht und bedient der Chef noch selbst. Das kleine Restaurant ist seit Jahren jeden Tag sehr gut frequentiert, weil die Qualität einfach stimmt und die Ideen für das variantenreiche Angebot nicht ausgehen. Die Rezepturen sind oft sehr phantasievoll, geschmacklich aber stets gefällig. Die Suppen gibt es immer als kleine und große Portion zu Preisen um die 3 € bzw. 5 €. Für Suppenkasper oder als Zugabe gibt es Panini und Tramezzini, z.B. mit gegrilltem Gemüse kurz im Grill gewärmt, klein 2,80 €, groß 3,80 €, oder Salate wie Tabouleh (Weizenschrotsalat mit Minze, Tomaten, Zitrone) oder Thunfischsalat zu 3,80 €. Wenn es das „Souptopia" nicht gäbe, müsste man es dringend erfinden.

WANDERER

Café Bar und Bieramt

www.cafe-wanderer.de
christoph@cafe-wanderer.de

Beim Tiergärtnertor 2 - 6
90403 Nürnberg
0178/3666334

Christoph Zielke

Sitzplätze:
innen jeweils 20,
außen gesamt 80

Öffnungszeiten Café:
So & Mo 12:00 - 24:00
Di - Sa 10:00 - 02:00
kein Ruhetag
Jan & Feb Ruhemonate;
geöffnet von März - 24.12.

Schalterzeiten Bieramt:
Di - So 14:00 - 24:00, last order 23:29, kein Ruhetag im Sommer,
Mo Ruhetag im Winter,
Jan Ruhemonat,
eingeschränkte Öffnungszeiten im Winter möglich

Besonderheiten:
wechselnde Kunstausstellungen im Café,
Bier- und Obstbrandseminare für Gruppen nach Absprache

Reservierung:
in der Regel zwecklos,
außerhalb der Stoßzeiten verhandelbar

 Zahlung nur mit Bargeld möglich

 *Theresienstraße 18
450 m*

 Tram 4 Tiergärtnertor 100 m

 Mokarabia

 Pilsner Urquell & Schanzenbräu vom Faß, Gutmann, Aufsesser, Huppendorfer, Spalter, Hetzelsdorfer, Meister, Krug, Spezial Bamberg sowie ein ständig wechselndes, weiteres Fassbier

 Obstbrände von Arno Dirker, im Café ein bunter Mix trendresistenter Drinks, vom feinen Rum bis zum leichten Sommerpiranha

 Internationale Weine im Café, Weingut Probst aus Markt Nordheim im Bieramt

 leckere Kleinigkeiten, fränkische Brote, Würstchen, Kuchen

 nur draußen, bei Kälte beheizbares Rauchereck

 viel Platz ohne Autos, die Kinder lieben die Hasenskulptur am Platz

 Qualität hat hier in Anbetracht der exponierten Lage einen recht moderaten Preis

 eigentlich Fehlanzeige, außerhalb der Mauer Richtung Bucher Straße gibt es Hoffnung

Das schönste Ausflugslokal der Stadt...

... bietet schon auf den ersten Blick sagenhaft günstigen Espresso für 1,30 €, der auch noch sehr gut schmeckt, wie im angrenzenden Bauteil die wohl gepflegteste Bierauswahl (alle Biere 0,5l zu 2,90 €) weit und breit.

    Der zweite Blick gilt der Innenausstattung. Beide Bars sind innenarchitektonische Kleinode und durch die liebevolle Integration der Stadtmauer zu beliebten Fotomotiven geworden. Viele schöne Kleinigkeiten sorgen für Wohlbefinden, weshalb wir die Tatsache, dass Service nur am Tresen stattfindet, leicht verschmerzen. Für jeden erdenklichen Gemütszustand finden wir das richtige Getränk und fühlen uns selbst beim Toilettengang humorvoll unterhalten. Je später der Abend, desto akuter ist übrigens die Versumpfungsgefahr, denn auch das Publikum ist sehr kontaktfreudig und keiner, der es nicht will, bleibt hier lange alleine am Tisch, – eine Rarität in Franken. Auch das Pendant zum Männleinlaufen, das hier bewusst auf Punkt Mitternacht und als interaktive Mitmachaktion angesetzt wurde, sollte man einmal erlebt haben: Alle Gäste erheben sich urplötzlich und werden wie von einer unsichtbaren Schnur in das Innere des Cafes gezogen.

ZAUBERBERG
Brasserie - Cafe - Bar

www.cafezauberberg.de
E-Mail über den Kontaktbutton
auf der Homepage

Theresienstraße 23 / Ecke Tetzelgasse
90403 Nürnberg
0911/2373736

Nimm5GbR Holger Hecht

Sitzplätze:
innen 100,
außen 35

Öffnungszeiten:
So - Do 09:00 - 01:00
Fr & Sa 09:00 - 02:00
kein Ruhetag

Besonderheiten:
Eventdinners zu höchst unterschiedlichen Themen wie Erotik, Bacchus sowie Weihnachten, Lesungen, Zusammenarbeit mit der Kunsthochschule, Vernissagen, Ausstellungen

Reservierung:
möglich, am Wochenende tagsüber erforderlich, bitte nur telefonisch

 Lavazza

 große Frühstücksauswahl, Mittagsmahl wöchentlich wechselnd 5 Gerichte, Abendmahl experimentell-ambitioniert

 klassischer Barstandard kombiniert mit kreativen Absinthvariationen, Digestifs, Aperitifs, große Auswahl an Whisk(e)ys

 vorwiegend aus Österreich und Italien

 Neumarkter Lammsbräu - ökologische Bierspezialitäten

 nur im Freien, im Winter überdacht, Decken vorhanden

 besonders Kleinkinder kommen gerne und oft in hoher Anzahl mit, Wickeltisch, Spiele und Malbücher vorhanden

 durchdachte Mischkalkulation: abends gehobener Durchschnitt, das Mittagsmahl für 5 - 7 € inkl. Getränk sehr günstig

 Parkplätze vorhanden, aber nicht immer einfach zu kriegen, nächstes Parkhaus: Hauptmarkt ca 300 m

 Zahlung nur mit Bargeld möglich

 Theresienstraße 18
65 m

 Bus 36, 46, 47 Rathaus 200 m

Wiener Kaffeehauskultur ...

... trifft italienische Baristakunst und so holt man auch aus einem Lavazza noch einen erstaunlich angenehmen Geschmack heraus. Ein ehrliches Lob gilt der sehr gelungenen Melange aus schönem Jugendstil-Ambiente, mutig-innovativen Ideen bei der Zubereitung von Speisen (schon mal was von Bonbons von der Bratwurst mit gebratenem Krautsalat gehört?) und der liebevollen Ausgestaltung wichtiger Kleinigkeiten, z.B. der Speisekarte.

    Die Frühstücksangebote sind nach Malern benannt, die Eierspeisen nach Philosophen. Der hohe Frauenanteil fühlt sich sichtlich wohl, der Holger ist eben ein toller Hecht und lässt sich immer wieder neue Angebote und Events einfallen. Auch beim Personal hat er offenbar ein gutes Händchen, der uns umsorgende Auszubildende ist nicht nur bemüht, sondern einfach auch gut und kompetent. Hausgemachte Grissini mit Serrano-Schinken gibt es auch nicht überall. Sie sind sehr stabil und verkürzen uns die Wartezeit auf Ofengemüse im Filoteig mit Oliven und Schafskäse, Peperoni. Letztere sind doch sehr scharf, weil nicht entstielt, und töten leider den Geschmack für die restliche Füllung ab. Das Saltimbocca vom Schwein mit Spaghetti-kroketten und Weintraubensoße zu 12,50 € fanden wir hingegen sehr fein, ebenso die Desserts: Crêpe mit Früchten und Ahornsirup (5,50 €) und Mohn-topfenstrudel mit Vanilleschaum (3,50 €).

ZEIT UND RAUM
Das Wohnzimmer der Altstadt

www.zeiti.net
www.dierotebar.net
zur@barcode-union.net

Wespennest 2
90403 Nürnberg
0911/227406

Christian Wagner

Sitzplätze:
innen 130 + 130,
außen 70 + 40

Öffnungszeiten:
Zeit und Raum täglich
09:00 - 02:00
Rote Bar täglich ab 19:00
Küche 09:00 - 24:00

Besonderheiten:
Punk Cuisine:
junge, freche Menueküche,
monatlich thematisch
wechselnd

Reservierung:
gerne auch über die Homepage
oder telefonisch

alles aus ausgewählten Weingütern Frankreichs

große Auswahl vor allem an Cocktails, angelehnt an die klassische Barkultur

wechselnde Sorten, vielfältige Kaffeespezialitätenauswahl; ein leibhaftiger Kaffeesommelier wird beschäftigt

internationale Küche mit französischem Schwerpunkt für den kleinen und den großen Hunger, Frühstück 24 Stunden; Brunch So/Fei 09:00 - 15:30

Paulaner

Rauchen eingeschränkt möglich

Im Z&R fühlen sich Menschen aller Altersgruppen wohl, die Rote Bar ist für Leute ab 21 Jahren gedacht

EC-Bezahlung möglich

*Lorenzer Platz 12
240 m*

U1 Lorenzkirche 350 m Bus 46, 47
Heilig-Geist-Spital 300 m

€€€€€
Die Preise liegen im Nürnberger Durchschnitt

gleich fünf Parkhäuser befinden sich in unmittelbarer Nähe

Durch die Weiten der Galaxie ...

... irgendwo zwischen Zeit und Raum kann schon mal eine von fünf Sorten Käse verloren gehen. Macht nichts, die anderen vier mit Feigensenf waren recht aromatisch und abwechslungsreich (6,10 €).

   Vorher waren wir schließlich schon mit folgenden Speisen beschäftigt: Pikante Rindfleischsuppe mit Eis und Selleriejulienne (hauchfeine Gemüsestreifen) zu 2,90 €, Pilzcremesuppe mit Kartoffeln und Kräutern zu 3,50 €, sehr gutes indisches Erdnuss-Frucht-Fischcurry mit frischem Koriander, Kardamon und Chili-Reis (8,60 €), Schnitzel Wiener Art mit Kartoffel-Rucola-Salat und frischen Zitronen (8,80 €). Die Schnitzelportion ist eher etwas für Figurbewusste, aber geschmacklich gut. Hervorzuheben ist der offenbar mit Fleischbrühe angemachte ausgezeichnete Kartoffelsalat. Alle Weine (um die 4 €) werden recht eigenwillig mit einer aufgespießten, gefrorenen Weintraube kredenzt. Was den Kaffee betrifft, so wird es Zeit, dass der Sommelier von seiner Fortbildung zurückkehrt.

ZEITUNGS-CAFE

Hermann Kesten in der Stadtbibliothek

www.stadtbibliothek.nuernberg.de/zentralbibliothek/zeitungs_cafe.html

Gewerbemuseumsplatz 4, Eingang Peter-Vischer-Straße neben der Katarinenruine
90403 Nürnberg
0911/2447141

Ute Weißig

Sitzplätze:
innen über 70 Plätze,
im Klostergarten 50

Öffnungszeiten:
Mo, Di, Fr 11:00 - 18:00
Do 11:00 - 19:00
Sa 10:00 - 13:00
So & Mi Ruhetag

Besonderheiten:
70 regionale, überregionale und internationale Zeitungen täglich frisch sowie bis zu 3 Tage abgehangen;
Das Cafe ist buchbar für Feiern ausserhalb der Öffnungszeiten;
sehr oft finden Lesungen statt

Reservierung:
telefonisch möglich,
zum Samstagsfrühstück sogar nötig

Kuchen, Suppen, Snacks; alles frisch und ohne Convenience zubereitet, Tagesessen meist vegetarisch; die Speisekarte entsteht intuitiv beim Enkaufen am Markt

Azul

fantasievolle alkoholfreie Schorlevarianten wie Grapefruit-Orange, Kirsche-Apfel, Birnenschorle

fränkisch-italienisch

wechselnde Landbiere

nur im Garten möglich

Kinder kommen sogar alleine; es gibt extra Kinderpreise für gekennzeichnete Limonaden (0,2l 0,80 €); Eltern mit Kleinstkindern werden auch gerne im Garten bedient

alles sehr moderat
€€€€€

 Zahlung nur mit Bargeld möglich

  *Lorenzer Platz 12
250 m*

 U1 Lorenzkirche 360 m, Bus 46, 47 Heilig-Geist-Spital 300 m

mehrere Parkhäuser befinden sich in der Nähe

Mittelalterliche Romantik im Hof inklusive ...

... Ein Traum aus Buchs und Jasmin, der im Winter pink blüht, und hell durchflutetem Kreuzgang. Nürnbergs einzige Klosteranlage mit diesem sagenhaft romantischen Innenhof ist eine der weitgehend kommerzfreien Oasen in zentraler Lage, um die uns die Bewohner anderer Städte beneiden.

Wir lassen unseren Blick durch das Zeitungscafe schweifen. Das dauert, weil wir dabei eine große Anzahl aktueller Tageszeitungen aus aller Welt scannen. Das gastronomische Angebot ist geprägt vom großen Engagement der Inhaberin. Täglich gibt es eine für um die 3 € sättigende Gemüsesuppe, längst berühmt sind Gemüsekuchen und Kirschenmännla und selbstkomponierte Getränke wie „Zimtzauber" als winterliche Antwort auf den Eiskaffee oder literarisch anspruchsvoller „Kafka"(Kaffee und Kakao). Täglich werden verschiedene Kuchen ganz frisch selbst gebacken. Sehr angenehm finden wir, dass Bücher, Zeitschriften, Medien aus der Stadtbibliothek auch im Zeitungs-Cafe eingesehen werden können. Außerhalb der Öffnungszeiten der Bibliothek kann das Cafe übrigens zu erstaunlich günstigen Konditionen für Familienfeiern gebucht werden.

ZWINGER BAR
...und -Keller

www.zwingerbar.de
chefin@zwingerbar.de

Lorenzer Straße 33
90402 Nürnberg
nicht vorhanden

Madelaine Dumbeck

Sitzplätze:
Bar 80,
Keller 150,
außen 40

Öffnungszeiten:
So - Do 20:00 - 02:00
Fr & Sa 20:00 - 03:00
kein Ruhetag

Besonderheiten:
gibt es eine Menge,
kulinarisch hervorzuheben
sind die Aktionen mit
Martin Kößler, der dienstags
sehr hochwertige Weine
zu gesponsorten Preisen
verkosten lässt

Reservierung:
unüblich, wer einen Platz
garantiert haben will,
soll einfach bis 21:00 kommen,
denn es geht erst ab 22:00
so richtig los

 einige Longdrinks, Brände von Brauerei Kundmüller aus Viereth

 hauptsächlich aus Spanien und Italien

 Zirndorfer, Jever

 Alfredo

 Knabberschüsseln

 ab 23:00 Rauchen erlaubt

nicht für Kinder geeignet

 Zahlung nur mit Bargeld möglich

 Königstorgraben 2
100 m

 Tram 8, 9 Marientor 20 m

 für einen Club mitten in der City sehr anständig

 viele Parkhäuser in der Umgebung, Marienstraße, Bauhof

Ein biblisches Alter ...

... sind 15 Jahre für eine Szenebar auf der Höhe der Zeit allemal. Das ist aller Ehren wert und es stellt sich die Frage nach dem Erfolgsrezept.

Der unverzichtbare langjährige Erfüllungsgehilfe der Chefin bringt es auf einen griffigen Nenner, denn drei Dinge, die eine tolle Schnittmenge ergeben, braucht die DJ-Bar: ein musikinteressiertes, neugieriges Publikum, ein entsprechend designtes Ambiente und die Lage mitten in der Stadt. Letzteres sei zugegebenermaßen ein echter Glücksfall und für eine große Stadt einmalig. Das Design ist seit Jahren mit dem 80-er Retrolook „up to date", die Bar verändert sich allerdings laufend, was mit dem Tresen auf Rollen gut zu bewerkstelligen geht. Für angesagte Bands und DJs aus der Region jedenfalls ist die Zwinger-Bar einer der begehrtesten Anlaufpunkte. Drei bis vier Mal in der Woche gibt es DJ-Abende, der Dienstag ist fest für französische Chansons reserviert, am Wochenende ist Rock & Roll im weitesten Sinne. Ganz große Highlights finden einmal monatlich im Keller statt: dann kommen Soundsystems wie „Vernunft und Faulheit", „Sellfish" oder „Boozoo Bajou" mit den weltweit gebuchten DJs Flo und Peter zum Zuge.

CANTINA

Cafe-Bar day & night

www.cantina-bar.com

Uhlandstraße 9
90408 Nürnberg
0911/358260

Christian Fogarassi

Sitzplätze:
innen 72,
außen 42

Öffnungszeiten:
Mo - Fr ab 11:30
Sa ab 15:00
So & Fei ab 17:00
Küche 12:00 - 14:30 &
17:00 - 22:30

Besonderheiten:
jedes Spiel des FCN live

Reservierung:
telefonisch empfohlen

 Meister, Gutmann, Franziskaner, Guinness, Kilkenny, Hauff, König-Pilsener, Becks

 Moak

 Italien und Spanien

 übliche Palette an Longdrinks und Schnäpsen, Williams von den Gebr. Geiger

 anspruchsvolle thailändische Imbisse, alle zum Mitnehmen
Mo - Fr alle Hauptgerichte von 12:00 - 14:30 für 6,50 €

 Rauchen erlaubt

 Einlass ab 18 Jahren

 EC-Bezahlung möglich

 Bucher Straße 58
410 m

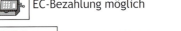 Tram 9 Krelingstraße 440 m

 alles im Rahmen, wie es sich für eine „Cantina" gehört

 in den umliegenden Straßen machbar

GEISTIGE BEWEGLICHKEIT ENTFALTEN ...

... beim Betreten eines Lokals, das dürfte für die meisten Gäste kein Problem mehr sein. In Zeiten, da es längst beim Kaffeeröster Werkzeug und Bademäntel gibt und an der Tankstelle Waschmittel und Gebäck, bringt uns eine „Cantina", in der thailändisch gekocht wird, nicht mehr aus dem Konzept.

Durch den Zufall einer Aushilfssituation in der Küche entstanden, läuft es eben nun nach dem Motto: „Never change a running system." Dass dies gut so ist, davon konnten wir uns bei einer scharfen Thaisuppe mit Goldbarsch, Tintenfisch und Scampi zu 4,90 € überzeugen. Auch die Hauptgerichte zu je 11,90 €, Ente mit Aubergine, Paprika, Basilikum und Reis bzw. Scampi mit Bambus, Paprika, Kokossoße, rotem Curry und Reis waren ohne Fehl und Tadel. Das gemütliche spanische Ambiente mit der Holzsonne an der Decke weckt Sehnsüchte und regt zum Bleiben an. Was friedliche Koexistenzen betrifft, beweist Christian Fogarassi großes Geschick. Am Tresen treffen sich Anrainer, um am großen Fernseher ein Fußballspiel anzusehen. Der Apparat wurde so intelligent angebracht, dass wir davon wahlweise leider oder glücklicherweise nichts mitbekommen.

EL COYOTE
Tex-Mex Bar & Restaurant

www.el-coyote.de
texmex@el-coyote.de

Äußere Bucher Straße 5
90425 Nürnberg
0911/342226

Steffen Schuler

Sitzplätze:
innen 120,
im Nebenraum 20,
im Garten 220

Öffnungszeiten:
So - Do 18:00 - 01:00
Fr & Sa 18:00 - 02:00
Küche bis 23:00,
danach kleine Karte

Besonderheiten:
Spielplatz im Biergarten
oder umgekehrt, je nach
Perspektive

Reservierung:
empfohlen per E-mail bis
14:00, danach telefonisch

 TexMex, vegetarisch, Steaks, Salate, Pizze, Burger

 Happy Hour 18:00 - 19:30 und ab 23:00 auch alkoholfreie Cocktails verbilligt

 aus Mexiko, Chile, Spanien, Italien

 Tucher

 Lavazza

 nur im Freien möglich

 Spielplatz, auf dem sogar serviert wird, Kinderkarte, Malutensilien, besser geht es kaum

 Speisen fast alle deutlich unter 10 €

 in der Äußeren Bucher Straße

 EC, Visa, Maestro

 *Forchheimer Straße 2
400 m*

 *Tram 4, 9, Bus 35, 45 Bucher Str./
Nordring 260 m*

Barbecue an der Bucher Strasse ...

... mit bunten Lichterketten in den Bäumen, einem Eimer Sangria für besonders Feierwütige und mit deftigem Essen. Das lässt den Straßenlärm vergessen, zumal die Kinder eine solche Gaudi haben, dass sie diesen übertönen.

Wie auf einer privaten Feier kann es zugehen im Schmuckstück des Tex-Mex-Lokals mit 20-jähriger Tradition. Die Speisen sind ordentlich, die Portionen nicht zu knapp bemessen. Ein Maiskolben kostet 3,80 €, die Nachos con Carne (8 €) sind schön scharf und auf der Plato Combinato ist für 11,50 € so einiges drauf: Chicken Quesadilla (Käsetortilla mit Huhn), Turkey Enchilada und Taco Vegetariana, dazu Frijoles Refritos (gebratene Bohnen), Reis, rote Salsa, Sauerrahm und ein kleiner Salat. Einen besonderen Service gibt es für Geburtstagskinder, die in ihren Freudentag hinein feiern möchten und einen Ausweis dabei haben. Für sie gibt es auf die Flasche Sekt stolze 40% Rabatt. Auch ohne Geburtstag lohnt es sich, ab 23 Uhr auf einen Absacker vorbei zu kommen, dann kostet jeder Cocktail nur 3,90 €.

FATAL
Essen & Trinken

Jagdstraße 16
90419 Nürnberg
0911/396363

Robert Russ

Sitzplätze:
innen 70,
außen 70

Öffnungszeiten:
Mo - Sa 09:00 - 01:00
So 09:00 24:00
Küche bis 23:00
kein Ruhetag

Besonderheiten:
sonntags Brunch
von 9:00 - 15:00

Reservierung:
für Sonntag ratsam

 Alfredo

 Tucher, Zirndorfer, Jever

 Schwerpunkt Italien, wechselnde Angebote aus aller Welt

 Frühstücksvariationen, Wochenkarte mit junger Bistroküche

 handelsübliche Getänke, die sich den Nordstadttrends anpassen

 draußen sowieso, drinnen je nach aktueller Gesetzgebung

 Spielkiste vorhanden, Küche flexibel

 Zahlung nur mit Bargeld möglich

 Die Nordstadt war noch nie das billigste Viertel

 Bucher Straße 58
500 m

 Bus 34 Lange Zeile 150 m oder Tram 4, 9, Friedrich-Ebert-Platz 330 m

 Risikobereitschaft zahlt sich oft aus

Lustig frühstücken ...

... ist nun an der Grenze von Johannis zur Nordstadt schon seit bald 20 Jahren angesagt und für viele Studenten, Geschäftsleute, Hausfrauen/ Hausmänner, Mütter/Väter mit Kindern, Lehrer, Schüler und Künstler unverzichtbar geworden.

   Eine Nachbarschaftskneipe für alle Fälle zwar, auch mit Mittagessen, aber besonders beliebt sind eben die Frühstücksvariationen, nicht zuletzt wegen ihrer Namen: „Sex and the City" mit Sekt, Cornflakes und Käse, „Golden Girls" mit einem vorzüglichem Käsekuchen und „Lindenstraße". Und für das Kind in oder mit uns die „Biene Maja" mit Honigbrot und Kaba. Sogar für Krimifans wird gesorgt: für Kommissar und Mörder sind 2 Zigaretten, 2 Schnäpse und 2 Kaffee vorgesehen, bevor die Handschellen klicken. Von der gestalterischen Seite her sind Gastraum und Garten echte Wohlfühlorte, sogar die Menükarte stimmt farblich mit dem Wandanstrich überein. Eine Toilettenrenovierung steht vermutlich als nächstes auf dem Zettel des umtriebigen Robert. Nun noch einige Preisbeispiele: Müsli, Schinkenbaguette, Rührei „Johannis" mit Schinken je 3,90 €, weiße Schokolade 2,90 €, Cappuccino 2,10 €, hausgemachte Limettenlimo 3,40 €.

FRANKENSTUBE
Das Wirtshaus in Nürnberg

www.frankenstube.de
uschi.meister@frankenstube.de

Pilotystraße 73
90408 Nürnberg
0911/351107

*Uschi Meister
Ansprechpartner für Catering und Lieferservice
ist George Starnes*

Sitzplätze:
Wirtshaus 40,
Nebenzimmer 32,
Tresen 10,
Biergarten 110

Öffnungszeiten:
täglich 11:30 - mindestens 01:00
kein Ruhetag

Besonderheiten:
Party- und Lieferservice

Reservierung:
machbar

 permanent wechselnde Karte mit sehr vielen vegetarischen Speisen, Mittagstisch für 5,50 €, fränkische Klassiker und internationale Küche, oft auch Biofleisch

 Bioweine aus Franken, Italien und Spanien

 Kitzmann, Neumarkter Lammsbräu, Jever, Guinness, Schneider, Erdinger, drei verschiedene alkoholfreie Biere

 Fränkische Geister und Brände von Haas aus Pretzfeld

 Segafredo

 im Garten gerne, das Lokal bleibt rauchfrei

 Küche reagiert flexibel

 EC-Bezahlung möglich

 sehr günstig

 *Bucher Straße 58
300 m*

 in den umliegenden Straßen machbar

 Tram 4, 9 Juvenellstraße 340 m

Veggies und Fleischesser, vereinigt Euch ...

... denn hier ist für jeden etwas dabei. Das Lokal wurde vor nicht allzu langer Zeit frisch renoviert und hat, zusätzlich zum Hauptraum mit Barbereich und einer gemütlichen Eckbank, einen kleinen Nebenraum. Die Türen zu den Toiletten wurden bei der Renovierung vermutlich vergessen, halten aber wenigstens dicht, wenn es mal brennt. Eher praktisch als filigran kommt im Gegensatz zu dem modernen, hellen Ambiente ringsum die Garderobe daher, ein Relikt aus den 70ern, schwarzes Schmiedeeisen auf dunklem Resopal.

Wir widmen uns lieber den durchwegs außerordentlich erfreulichen Speisen und bemerken die vielseitige und fantasievolle Auswahl an fleischlosen Gerichten, die deutlich reizvoller sind, als Kloß mit Soß´ oder Salat mit Champignons als Verlegenheitsangebot für Vegetarier. So probieren wir nicht nur Orechiette mit Entenbrust, getrockneten Tomaten und Rucola, sondern auch Capelli mit Kürbis-Ricotta-Füllung in Basilikumsoße und Kirschtomaten mit frischem Parmesan, Rote-Bete-Suppe mit Sahnemeerrettich, danach Mürbteigtörtchen mit Topfenmousse und Mandarinen, Griesflammeri mit marinierten Rotweinpflaumen. Bis auf letztere, die leider weitgehend geschmacksfrei ausgefallen sind, können wir alles wärmstens weiterempfehlen. Ein 3-Gang-Menue kostet 15,50 €, Bier 2,40 €, Weine unter 4 €.

FREUDENPARK
Bar, Restaurant und Garten

Kilianstraße 125
90425 Nürnberg
0911/352702

Dieter Zech

Sitzplätze:
außen 200 + 50,
innen 150,
Nebenräume 20 + 30

Öffnungszeiten:
So - Do 17:00 - 02:00
Fr & Sa 17:00 - 03:00
…und wenn der Club spielt

Besonderheiten:
Dieter Zech läßt sich
laufend neue Veranstaltungen
einfallen. Legendär ist
der „Tanz in den Mai"
Kicker, Dart, Tischtennis

Reservierung:
telefonisch ratsam
besonders abends am
Wochenende

 um die 400 Cocktails, Klassiker, line cuisine mit Gemüsen und Gewürzen, die ganze Bandbreite aller erdenklicher Spirituosen, sehr stark auch in Sachen Whisk(e)ys

 leichte, moderne Küche, wöchentlich wechselnde Karte und Tageskarte

 ausgewählte, auch ökologische Weine aus der ganzen Welt

 Guinnes, Tucher Weizen, Riedenburger Weizen, ein häufig wechselndes Landbier, Jever

 aus dem C'Asia-Coffeeshop am Aufseßplatz

 Nebenzimmer nach Absprache, im vorgelagerten Clubzimmer immer

 Kinder sind nicht unbedingt die Zielgruppe

 Die Preise sind dem gehobeneren Ambiente angepasst

 eigener Parkplatz vorhanden

 EC, Visa, Master

 *Teilstraße 14
1300 m*

 Bus 46, 47 Langer Steig 160 m

Die einfachen Dinge ...

... machen häufig den großen Unterschied. Wer einen Barkeeper testen will, so erzählen es Fachleute, der bestelle einen „Gimlet Dry" (hier 6,50 €).

Wir ahnten schon, dass die Mannschaft um Oli Hüttenhain, der einer der besten seines Faches ist, diesen Test bestehen würde, denn es gibt kaum etwas Schlimmeres, als einen schlechten Gimlet trinken zu müssen. Auch der klassische Martini (6 €) konnte gefallen und so waren wir gespannt auf die lange nicht mehr probierte Küche. Aus der übersichtlichen Speisenauswahl kamen warmer Ziegenkäse zu 6 € und ein Kalbsschnitzel mit frisch gepflückten Pfifferlingen und Rosmarinkartoffeln (15 €) ohne Beanstandungen zum sättigenden Einsatz, dazu ein feiner Sulzfelder Silvaner (4,50 €). Der wunderschöne Garten, das gediegene Ambiente im Inneren und der aufmerksame Service sind Erfreulichkeiten, die sich über Jahrzehnte nicht verändert haben und Respekt abnötigen. Inhaber Dieter Zech, ein bekennender Freund guten Fußballs und trotzdem auch Clubfan, wird nicht nur mit diesem vielen von uns Franken angeborenen Schicksal fertig, sondern meistert hier gleich noch einen Spagat mit Bravour und verwandelt den noblen „Park", wenn es eben „mal wieder soweit" ist, in ein großes „Public-Viewing-Wohnzimmer".

HUNGER & DURST
Die Grillcompany

www.hungerunddurst.info
reservierung@hungerunddurst.info

Schweppermannstraße 1
90409 Nürnberg
0911/3677508

Thomas Reichel   Harald Zimmermann

Sitzplätze:
innen 35,
außen 30

Öffnungszeiten:
Di - Sa ab 18:00
So & Mo Ruhetag

Reservierung:
per E-mail nicht am selben Tag, ansonsten bitte telefonisch

 alles vom Grill, Biofleisch aus Hohenlohe, auch Fisch, Salate

 hochwertige Weine aus Italien sowie ein mehrfach prämierter Tomero Malbec aus Argentinien, Weine werden mit Korkgeld kalkuliert

 Zirndorfer

 handelsübliche Spirituosen, hervorzuheben sind der fränkische Schlehengeist von Mirschberger und der Aperol Sprizz als Sommergetränk

 Moak

 nur auf der Terasse

 Kinder kommen eher selten, sind aber willkommen. Die Küche reagiert flexibel.

 Zahlung nur mit Bargeld möglich

 große Steaks, mittlere Preise

 *Bucher Straße 58
100 m*

 in den umliegenden Straßen machbar

 Tram 4, 9, Bus 34 Friedrich-Ebert-Platz 130 m

Es geht ums Fleisch ...

... wie man es schnörkellos und ehrlich auch auf obigem Bild unschwer erkennen kann. Dieses Produkt steht ganz klar im Vordergrund, das wurde uns, unterstützt durch spärliche Beleuchtung, im Halbdunkel des Lokals fokussiert auf das Wesentliche, voll bewusst, und so ließen wir uns denn von den angebotenen Speisen erleuchten.

Für die Ungeübten, die es nicht gleich auf den ersten Blick erkennen: die Delikatesse, mit der sich das sympathische Team hier schmückt, ist reines Bio-Fleisch aus Hohenlohe. Zu einer Flasche rotem Hauswein (9,80 €) bestellen wir nach dem Rucolasalat mit Roter Bete und frisch geraspeltem Parmesan (4 €) ein Rumpsteak mit Kräuterkruste mit Rosmarinkartoffeln und Blattspinat für 13,50 € und ein Filet vom Bio-Rind mit Kartoffeln und Spinat zu 17 €. Das Fleisch kommt vom Lavagrill und schmeckt hervorragend. Da ist der Nachtisch gerade noch zu schaffen: hausgemachter Malvenpudding (5,50 €). Wer richtig ausgehungert ist, für den empfiehlt sich ein Bistecca Fiorentina, das nicht unter 600g serviert wird, aber auch schon mal 900g wiegen kann (100g kosten 3,60 €).

L'Osteria
Pizza e Pasta

www.losteria.de
verwaltung@losteria.de

Pirckheimer Straße 116
90409 Nürnberg
0911/558283

Friedmann Findeis & Klaus Rader

Sitzplätze:
innen 37 + 40,
draußen 40

Öffnungszeiten:
Mo - Sa 11:00 - 24:00
So & Fei 17:00 - 24.00

Reservierung:
wenn, dann bitte frühzeitig

 Pizza & Pasta, große Salate

 Italien, Spanien, Frankreich, Südafrika

 Jever, Erdinger

 die übliche Palette

 eigene Röstung aus Berlin

 nur im Freien möglich

 kleine Portionen möglich

 sehr annehmbar

 Zahlung nur mit Bargeld möglich

 Schillerplatz 1
550 m

 schwierig

Tram 9 Wurzelbauerstraße direkt vor der Haustüre

Systemgastronomie at it's best ...

... bietet die Mannschaft der L'Osteria an der vielbefahrenen Pirckheimer Straße. Mit oder ohne Reservierung, Wartezeiten gehören zum Programm und man hat den Eindruck, es macht den Gästen Spaß, mit einem Glas Prosecco auf dem Gehsteig zu stehen und sich beim Zuschauen erst mal Appetit zu holen.

Den werden sie auch brauchen, denn wie auf der Homepage schon angekündigt: „Unsere Pizze passen zwar nicht auf den Teller, aber ansonsten sind sie perfekt." In dieser Aussage steckt sogar noch Understatement, denn eigentlich würden auch zwei Teller nicht reichen und fast alle Gäste gehen mit weißen Papiertütchen nach Hause. Die anderen haben halbe Pizze bestellt oder wie wir, etwas anderes, z.B. ein etwas zu dick geschnittenes Vitello Tonato oder Carpaccio zu je 7,50 €, sehr feine Tagliolini mit Scampi, Rucola und hausgemachter Tomatensauce zu 9,50 €, oder schön bissfeste Pasta Fresca mit Flusskrebsen in Hummersoße für 8,50 €. Auch diese Portionen sind nicht gerade kleinlich bemessen, aber wir sind ja einiges gewohnt und schaffen auch noch die gute Erdbeercreme (4 €). Das komplette Dekor und sogar die Eingangstüren scheinen original aus Bella Italia importiert und beim Blick in die teilweise offene Küche kommt Urlaubsstimmung auf - beim Gast wohlgemerkt. Die Köche leisten durchorganisierte Schwerstarbeit, routiniert und bei guter Stimmung.

LÖNNEBERGA
Restaurant

www.loenneberga-paradies.de

Uhlandstraße 21
90408 Nürnberg
0911/368896

Stefan Stiegler Werner Krögel Peter Krug

Sitzplätze:
innen 60,
im Garten 60

Öffnungszeiten:
Di - Sa 18:00 - 01:00
So 12:00 - 01:00
Mo Ruhetag

Besonderheiten:
laufend lustige kulinarische
Aktionen wie z.B.: „So genossen
die Genossen - Kulinarisches
aus der DDR"

Reservierung:
telefonisch erwünscht

 Wild, Wok, Fisch, saisonale Küche, Aktionen, Mittwoch ist Dessert-Tag (jede Süßspeise 3,50 €)

 Krug

 freitags Cocktailabend

 aus Europa

 vivere

 nur draußen

 Kinderportionen sind für die Küche kein Problem

 Zahlung nur mit Bargeld möglich

 preiswert und auch etwas teurer essen, beides ist hier möglich

 *Bucher Straße 58
370 m*

 in den umliegenden Straßen kein Problem

 Tram 4, 9, Bus 34 Friedrich-Ebert-Platz 550 m

Ein schöner Ort in der Nordstadt ...

... ist als Treffpunkt nicht nur für viele Michels und Idas seit vielen Jahren das Lönneberga. Gute Getränke mit Wohlfühloption in einer modernen, sehr angenehm ausgeleuchteten Gaststube, in der interessante, sehr großflächige Gemälde hängen.

    Wir testen die Speisen zur Spargelzeit mit unterschiedlicher Begeisterung: Die Spargelsuppe (4 €) ohne Einlage ist etwas zu dünn geraten. Dafür punktet der Feldsalat mit Speck (6 €) und der gefüllte Mozzarella auf Salatbouquet (7,20 €). Das Matjesfilet Hausfrauenart mit Butterkartoffeln zu 7,90 € ist etwas belanglos, beim Roastbeef sind die gratinierten Kartoffeln geschmacklich gewöhnungsbedürftig gewürzt (14,80 €), der Spargel mit Schinken im Bierteig (13,20 €) und der Spargel mit Zander (14,80 €) sind richtig gut, wobei vor allem der Spargel überaus überzeugt. Die Portionen sind üppig bemessen. Zu den Spargelgerichten war der angebotene Riesling passend, für das Roastbeef hätten wir uns gewünscht, das Tagesangebot eines Prädikatweines eher entdeckt zu haben. Das Mango-Tiramisu mit Olivenöl (4,20 €) ist eine ungewöhnliche, aber äußerst gelungene Komposition, über das Mousse au Chocolat hüllen wir den Mantel des Schweigens.

NEL PARCO
Ristorante Romagnolo

www.nel-parco.de

Pirckheimer Straße 9a
90408 Nürnberg
0911/361101

Thomas & Stefania Körber

Sitzplätze:
Gastraum 40,
Nebenzimmer 20,
außen 55

Öffnungszeiten:
Mo - Fr 11:30 - 14:30
18:00 - 23:00
Sa 18:00 - 23:00
So im Winter Ruhetag,
von Mai - Sept geöffnet
18:00 - 23:00

Reservierung:
telefonisch erwünscht

 Pasta, Vorspeisen, Fisch, Fleisch aus der Region

 vom Chef ständig qualitätsüberwachte Weine aus ganz Italien

 Aperitivi und Grappe aus dem Trentino

 kleine und geheime Rösterei aus der Toscana

 Bitburger, Schneider, Hauff nur Flaschenbier

 nur außen, aber beheizt

 Kinderportionen sind für die Küche kein Problem

 alles ist seinen Preis wert

 Tipp: abends hinter der Koch´schen Villa

 EC, Master, Visa

 Bucher Straße 58 oder Krelingstraße 31 je 500 m

 Tram 4, 9, Bus 34 Friedrich-Ebert-Platz 200 m
Tram 9 Krelingstraße 200 m

Alle lieben „die Fette"...

... so wird die Emiglia Romagna genannt, weil dort der Großteil der Nahrungsmittel Italiens hergestellt wird. Ohne die Stadt Parma beispielsweise wären wir alle um einige kulinarische Freuden ärmer. Thomas Körber hat diese interessante Region zum Leitmotiv seiner Küche erkoren und lockt damit seit etlichen Jahren ein illustres Publikum in seinen schmucken Park.

Beim Hauswein, von dem 0,5l für 8 € auf den Tisch kommen, haben sich Kompromisse bewährt: der weiße ist ein Chardonnay und kein Trebbiano, beim roten vertraut man lieber auf Merlot statt auf Sangiovese. Die Antipasti misti (8 €) werden je nach Marktsituation immer wieder anders und stets gelungen kreiert. Die Hauptgerichte, Thun- und Tintenfisch mit Risotto (18 €) und Kalb vom Rost (16 €) erfüllen die hohen Erwartungen vollkommen, besonders hat es uns allerdings der Salat vom Fleisch (10 €) angetan. Das Fleisch ist hauchfein geschnitten, das Balsamico-Dressing exakt abgestimmt. Angenehm locker ist die Stimmung, hier darf auch mal laut gelacht werden. Vögel zwitschern in der Abendsonne und bald wird die stilvolle, unaufdringliche Außenbeleuchtung eingeschaltet, denn „die Fette" will noch nicht schlafen.

`S BAGGERS

Die fränkische Antwort auf die globale Herausforderung

www.sbaggers.de
info@sbaggers.de

Am Steinacher Kreuz 28
90427 Nürnberg
0911/4779090

Michael Mack

Sitzplätze:
im dreistelligen Bereich, außerdem großer Garten

Öffnungszeiten:
Di - Do 17:00 - 23:00
Fr 17:00 - 23:00
Sa 11:30 - 24:00
So & Fei 11:30 - 23:00
Mo Ruhetag

Besonderheiten:
via Computer zum Schweben animierte Speisen und Getränke

Reservierung:
kann sehr ratsam sein

 überwiegend „fränkische Tapas", auf Wunsch auch glutenfreie Speisen

 Neumarkter, Meister, Krug

 Frankenweine vom Biolandhof Pflüger aus Krassolzheim, Weingut Zang und Rothe aus Nordheim

 Cocktails mit lustigen Namen wie „Rode Renade" oder „g'freggder Hund", Spirituosen von der Adlerbrennerei Pircher in Streitberg

 leider nicht bekannt

 nur im Freien möglich

 Dieses Lokal werden Kinder nicht so schnell vergessen

 nicht ganz billig, aber ein geselliges Vergnügen

 eigene Parkplätze vorhanden

 nicht bekannt

 Im Grund 3 in Fürth-Sack 1600 m oder Boxdorfer Hauptstraße 1 1800 m

 Bus 28, 29, 179 Steinacher Straße 350 m

Bahnbrechende Erfindungen aus Nürnberg ...

... haben das Leben auf dieser Welt schon zu früheren Zeiten ein Stück komfortabler gemacht. Ohne sie wüsste kein Mensch genau, wie spät es gerade ist, wo auf der Erde er sich gerade befindet oder neuerdings auch, wie er sich Speis und Trank auf Schienen herbeischweben lassen kann.

Michael Mack, der diese Idee entwickelt hat, möchte, dass seine Speisen pünktlich ankommen und verlässt sich nicht etwa auf die Deutsche Bahn. Er hat sein eigenes Schienensystem erfunden und verkauft Lizenzen dafür in alle Welt. Zumindest, was die Getränke in dem Nürnberger Lokal betrifft, kann er offenbar auch auf gute Berater bauen. Gutes Landbier, eine erstklassige „Karaffm Silvaner" (5 €) und Brände und Liköre aus Streitberg. Die Speisen sind klein portioniert und von unterschiedlichem Anspruch: „zwaa scharfe Bradwörschd im Baggersmandl und Dibb" (6 €), „Gnoblauchsubbm mid grösde Schwarzbrodzamwerferla" (4 €), „a Grangngsdiggla medium mid Gräuderbudder" (9 €), „Vanilleis mid Kürbiskernöl" (5 €), „Nadurwunder mid grösden Mozzarella" (7 €). Fazit: mal was anderes, eine amüsante Abwechslung.

Leider hatten die Betreiber an einem Gespräch mit uns kein Interesse, so dass alle hier veröffentlichten Angaben auf eigenen Recherchen beruhen und somit weder vollständig noch verifiziert sind.

SCHWARZER ADLER
Gasthaus

www.schwarzeradler.de
gasthaus@schwarzeradler.de

Kraftshofer Hauptstraße 166
90427 Nürnberg
0911/305858

Eduard Aßmann

Sitzplätze:
Gaststube 36,
Weinstube 14,
Blauer Salon 14,
Hochzeitszimmer &
Schistelzimmer je 48,
Garten 100

Öffnungszeiten:
12:00 - 14:00 & 18:00 - 22:00,
warme Küche mittags ab 12:00,
abends ab 18:00
individuelle Absprachen möglich,
kein Ruhetag

Besonderheiten:
Catering-Homeservice für
bis zu 600 Personen mit allem
Drum und Dran

Reservierung:
anfrage@schwarzeradler.de
oder telefonisch

 gehobene internationale Küche mit hervorragender Produktqualität auch aus der Region

 weltweite Auswahl ausgewählter Winzer

 verschiedenste Champagnersorten, Frankensekte; Fränkische Obstbrände, italienische Grappe und viele andere Digestivi

 Segafredo maxi

 Neumarkter Lammsbräu

 Raum für Raucher kann nach Absprache zur Verfügung gestellt werden; das Restaurant bleibt selbstverständlich rauchfrei

 Sonderwünsche werden gerne erfüllt

 EC, Visa, Master, amEx

 Das Überaschungsmenue ist jeden € wert.

 Boxdorfer Hauptstraße 1
2000 m

 Bus 31 Kraftshof 50 m

 im Umkreis von 150 Metern gibt es genügend Plätze

DAS PRUNKSTÜCK ...

... dieses ehrwürdigen Hauses ist für uns der romantische, sehr gepflegte Garten mit seiner beachtlichen, farbenfrohen Blumenvielfalt. Auch das gebuchte Überraschungsmenü (55 €) ließ an Auswahl nichts zu wünschen übrig.

Schon der Aperitif, passend zur Sommerzeit, ein Erdbeer-Rhabarberschaum mit Sekt (7,50 €) stimmt uns euphorisch. Als Begleiter zum Essen wurde uns sehr kompetent ein Fläschchen Weißer Burgunder aus Baden (39 €) empfohlen. Es ging los mit geeistem Gurkensüppchen mit Shrimps, gefolgt von Entenleberbrulee und Lachsröllchen gefüllt in Aspik, sehr abgefahren die gegrillte Wachtel mit asiatischen Wasserpilzen, dann dreierlei Fischkreationen, nämlich Steinbutt, Garnele auf glasiertem Kürbis und Loup de mer mit (einem) grünen Spargel, Kalbsbäckchen und Tafelspitz mit unfassbar leckeren Semmelklößchen, zum Abschluss Sauerrahmeis an karamellisiertem Erdbeer-Pistazienpastetchen. Zum Espresso (2,40 €) wurde eine ebenso ausgesuchte wie ausgefallene Auswahl Pralinen gereicht, mit flüssigem Basilikum und hausgemachten schokolierten Kirschen.

TRATTORIA DEL NORD

Restaurant und Garten

www.trattoria-del-nord.de
www.trattoriadelnord.de

Kleinreuther Weg 48
90408 Nürnberg
0911/354740

Antonietta Ruo

Sitzplätze:
innen 60,
außen 80

Öffnungszeiten:
Di - So 11:00 - 14:30 &
17:30 - 23:00
Mo Ruhetag

Besonderheiten:
alle Speisen auch zum
Mitnehmen

Reservierung:
sehr empfohlen

 Antipasti, Pizze, gefüllte Pasta immer hausgemacht, Fleisch und täglich frischer Fisch

 ausschließlich italienische Prädikatsweine; Wein ist die erklärte Liebhaberei des Chefs

 Incas aus Benevento

 übliche Palette an italienischen Distillati

 Maisel aus Bayreuth und Veltins

 im Garten befindet sich ein gemütliches Rauchereck, das im Winter beheizt wird

 Die Küche reagiert flexibel auf Kinderwünsche

 EC, Visa, Master

 Man bekommt für sein Geld viel geboten

 Bucher Straße 58
420 m

 Tram 4, 9 Juvenellstraße 280 m

 in den umliegenden Straßen machbar

La famiglia ...

... achtet auch auf Kleinigkeiten. Im Gegensatz zu manch hochdekoriertem Lokal wird hier auf das passende Besteck zu jedem Gang Wert gelegt. Die Einrichtung ist zwar eindeutig fränkischen Ursprungs -schließlich sind wir ja in der Nordstadt- farblich allerdings gut abgestimmt.

   Im Laufe des Abends stellte sich die ganze Familie bei uns vor, was sich als sehr kommunikationsfördernd erwies. Ein Menue kostet um die 30 €, 0,25-er Weine zwischen 4 € und 5 €. Das Rindercarpaccio mit frischen Champignons und Parmesan und Olivenöl machte Lust auf mehr, das Risotto mit Steinpilzen und Parmesan war leicht salzig, das Bistecca mit Pfefferrahmsauce und Ofenkartoffel kam punktgenau aus der Pfanne. Ein besonderer Genuss waren die Fischgerichte: Fischcarpaccio auf Rucola und Parmesan bzw. gemischter gegrillter Fisch. Die Desserts: Cassata mit Karamelsoße, Lebkuchenparfait und dazu ein sehr guter Espresso. Sehr positiv fällt auf, dass das wind- und wettergeschützte Rauchereck mit besonders liebevoller, auch die Raucher wertschätzender Dekoration bedacht wurde.

UNVERGESSLICH
Franken geht fremd

www.schindlerhof.de
unvergesslich@schindlerhof.de

Steinacher Straße 6-10
90427 Nürnberg
0911/9302604

Renate, Klaus und Nicole Kobjoll

Sitzplätze:
innen 90,
außen 164
+ großer Saal für bis zu
80 Personen für Feste und
Themenbankette aller Art
sowie Japangarten für festliche Empfänge

Öffnungszeiten:
täglich 11:00 - 01:00
Küchenzeiten 12:00 - 15:00 &
18:00 - 24:00
durchgehend kleine Gerichte
kein Ruhetag

Besonderheiten:
92 Hotelzimmer in einem
Hoteldorf
Themenzimmer wie z.B.
Jaguar-, Ferrari-, Mini- oder
Weinzimmer, 10 Tagungsräume,
7-mal als bestes deutsches
Tagungshotel „Unter 100 Betten"
ausgezeichnet.

Reservierung:
sehr gerne per E-Mail oder
telefonisch

 EC, Visa, Master, amEx

 Boxdorfer Hauptstraße 1
140 m

 Bus 28, 29 Erich-Ollenhauser-
Straße 85 m

 Köstlichkeiten aus aller Welt, gekonnt kombiniert mit frischen Produkten aus Franken - Ergebnis: une affaire culinaire - Genuss in höchster Vollendung

 umfangreiche Weinkarte, Schwerpunkt Franken, z.B. Weingüter Wirsching und Brennfleck, dazu Österreich, Spanien, Italien, Portugal und die neue Welt

 Segafredo

 Neumarkter Lammsbräu

 Obst- Hausbrände von den Gebrüdern Geiger, als Aperitif gibt es einen fränkischen Haustrunk

 nur im Freien

 Kinderkarte (mit Aperitif), Mal- und Spielutensilien, auf Anfrage betreuter Kinderspielraum

 Wo so gekocht wird, schaut man nicht auf den Preis

 wenn die zwei hauseigenen Parkgaragen und der Parkplatz direkt vorm Haus nicht mehr reichen, gibt es in der Boxdorfer Mitte noch einen Gemeindeparkplatz

Pfiffige Hotelküche ...

... findet man eher selten, im UnvergESSlich erwartet uns das Unerwartete. Zum Candle-Light-Dinner (55 € pro Person) ist jeder Tisch anders gestaltet. Das fängt bei den Farben der Kerzen an und geht über Deko-Glassteine hin zu den Servietten und Tischbändern. Ohnehin besticht das Lokal schon auf den ersten Blick durch seine besonders geschmackvolle Einrichtung; die Wandtatoos mit Sprüchen und Zitaten schenken uns angenehme Kurzweil.

Der Prosecco mit Walderdbeeren (7,40 €) kann uns leider nicht überzeugen, was durch den brombeerigen Haustrunk (7,40 €) wieder wettgemacht wird. Die begleitenden Weine sind im Preis enthalten, besonders der Weiße Burgunder passt optimal. Wir beginnen mit hauchdünnem Semmelkloß-carpaccio mit Bündnerfleisch auf Wildkräutern mit (etwas dominanter) Balsamicocreme. Das lauwarme Steinpilz-Gelee mit Shittake Pilzen, Parmaschinken und Rucola ist sehr fein, die Seeteufelscheiben mit Risotto-Grissini, geschmolzenen Kirschtomaten und Kräuteröl ein Gedicht. Beim zart rosa gebratenen Kalbsfilet liegen ein etwas salzlastiges Kartoffelsouffle und schön knackige, in Kreuzkümmel geschmorte Orangenkarotten. Die Zwetschgentarte mit Vanille-Rumeis und kleinen Souffles ist hausgemacht. Zum Schluss gibt es sogar noch ein Geschenk zum Mitnehmen: ein Gläschen hausgemachtes Gelee und Confiserie-Champagner-Trüffel.

WÜRZHAUS

www.wuerzhaus.info
info@wuerzhaus.info

**Kirchenweg 3a
90419 Nürnberg
0911/9373455**

Josef Penzenleitner

Sitzplätze:
Gastraum 50,
Terrasse 30

Öffnungszeiten:
Di - Fr 11:30 - 14:00
Mo - Sa ab 18:00
So Ruhetag

Besonderheiten:
aktuelle Auszeichnungen
von Michelin für
besonders gutes
Preis-Leistungsverhältnis
und Gaut Millau für
„sehr gute Küche"

Reservierung:
erwünscht

 innovative, experimentelle Gourmetküche

 Schwerpunkt Deutschland und Österreich, überwiegend aus Europa

 Hausaperitif passend zu jedem Menue, stets ist auch ein hervorragender Champagner glasweise zu haben

 Io - zubereitet mit Siebträgermaschine, ein selbstgebackenes Kaffeegebäck wird gereicht

Schanzenbräu Rot, Paulaner

 nur auf der Terasse

 Die Küche reagiert flexibel auf Kinderwünsche

 EC, Visa, Master, amEx

 Mittagsmenue 3 Gänge 17 €, abends steigerbar bis zu 6 Gängen mit Weinbegleitung 90 €

 *Bucher Straße 58
240 m*

 abends relativ entspannt

 *Tram 4, 9 Bus 34
Friedrich-Ebert-Platz 220 m*

Sterne sehen ...

... kann man bei günstigem Wetter auf der von der Straße durch Kletterpflanzen an Holz abgeschirmten Terrasse des WürZhauses. Wann die junge Frau Burkel sich ihren ersten Stern erkocht haben wird, ist wetterunabhängig und nur eine Frage der Zeit.

Die elegant-schlichte Restauranteinrichtung in Gewürzfarben lenkt den Blick schnell auf das Wesentliche, und da gibt es wahrlich viel zu sehen. Uns beschleicht schon fast ein schlechtes Gewissen, wenn wir mit der Gabel die kunstvoll aufgestapelten Speisetürmchen zerstören müssen. Ein 6-Gänge-Menue ist mit perfekter Weinbegleitung (6 x 0,1l) für 90 € zu haben, ohne Weine für 60 €. Ein Vortrunk kostet 7,50 €, ein guter Espresso 1,50 €. Alle Speisen und Weine werden gut erklärt und die Überraschungen der Aromaküche nehmen kein Ende. Es werden Produkte kombiniert, von denen wir nicht gedacht hätten, dass sie zusammengehören könnten, und doch finden wir auf jeder Gabel Harmonie. Polentacannelloni mit Mandarinen, Kürbisravioli mit Koriander, Kaninchen mit Sultaninen, die Wachteln mit Spitzkohl haben es uns besonders angetan. Selbst das kleine Gebäckstück zum Kaffee ist etwas ganz Besonderes.

ENGEL
Kneipe & Garten

ENGEL
Kneipe und Garten

Schoppershofstraße 53
90489 Nürnberg
0911/559251

Martin Oberste-Schemmann, Dietmar Lorenz

Sitzplätze:
innen 70,
außen 45

Öffnungszeiten:
täglich ab 18:00
kein Ruhetag

Reservierung:
telefonisch möglich

 bodenständige fränkische Küche, Braten, Schnitzel, Mittwoch ist Schäufeletag, die Wildwoche Anfang November ist ein besonderes Highlight

 Tucher, Hetzelsdorfer

 große Auswahl fränkischer Obstbrände von Haas in Pretzfeld

 Franken und Italien

 Lavazza

 nur im Garten

 Kinderportionen kein Problem

 fast wie am Land

 schwierig

 Zahlung nur mit Bargeld möglich

 Deumentenstraße 26 400 m

 Bus 45 Bismarckschule 170 m oder U2, Bus 45 Schoppershof 280 m

Träumst Du vom nackten Engel über' m Tresen ...

... bist im „Engel" Du gewesen. Und wir versichern, es kommt nicht vom guten Hetzelsdorfer (2,80 €), aber besichtigen Sie den Engel samt Tresen ruhig selbst einmal. Sogenanntes gutbürgerliches Essen in der Stadt in vernünftiger Qualität zu ebensolchen Preisen ist selten, aber es geht, wie man hier sieht.

Der „Engel" ist eigentlich eine Kneipe, mit alter Holzvertäfelung, aufgemöbelt durch schicke, plastische Malerei in verschiedenen Grün-Blautönen und mit dem Holz der Tische und Bänke schön stimmig. Es gibt konservative Speisen. Das Publikum wirkt eher nicht konservativ, gibt sich aber teilweise konservativen Beschäftigungen wie dem Kartenspiel oder dem miteinander reden hin. Es gibt Leberknödelsuppe (3,90 €), Schweinebraten mit Kloß (6,80 €), Rinderroulade mit böhmischem Serviettenknödel und Salat (8,80 €), Schwäbische Schweinsröllchen mit Spätzle und Salat (8,50 €), Pfirsichlikör und Schlehengeist. Vorgelagert ist ein kleiner Biergarten, die Bäume sind mit kleinen Lämpchen hübsch beschienen. Es gibt keine Events, keine Happy-Hour, keine Hektik. Konservativ? Kommt auf die Sichtweise an!

Gregor Samsa

GREGOR SAMSA

www.gregor-samsa.com

Maxfeldstraße 79 Eingang Mörlgasse 15
90409 Nürnberg
0911/357618

Peter Hoyer

Sitzplätze:
innen 45,
außen 25

Öffnungszeiten:
So - Do 18:00 - 01:00
Fr & Sa 18:00 - 02:00

Besonderheiten:
Das „Gregor" ist die Künstlerkneipe schlechthin, was sich an allen Wänden und den meisten Gästen bestaunen lässt.

Reservierung:
telefonisch möglich

 Bei Redaktionsschluss 17 verschiedene Gulaschsorten nach dem Rezept der Mutter des Wirts, viele verschiedene Salate und weitere Kaltgerichte

 europäische Weine verschiedener Winzer z.B. Frankenwein von Emmerich, Negro amore von Feudo di Santa Croce

 Tucher

 Whisky, Slibowitz, Hausbrand, Orangenbrand, Ouzo

 Universal und Splended im Wechsel

 wird noch entschieden

 kleine Portionen möglich

 bis aufs Bier richtig billig

 in diese Kneipe empfiehlt es sich nicht, mit dem Auto zu kommen, es sei denn, man benötigt ein Alibi, um bald wieder zu gehen. Körperlich Behinderte werden auf Händen zur Schwelle getragen.

 Zahlung nur mit Bargeld möglich

  Schillerplatz 1
390 m

 Tram 9 Wurzelbauer Straße 130 m
Bus 46, 47, U3 Maxfeldstraße 400 m

Gastfreundschaft, Geduld und Gulasch ...

... sind des Gregors Unterpfand. Zum gefühlten Hintereingang eines Privathauses, das man auch erst einmal finden muss, betreten wir einen urgemütlichen, sehr rustikalen Raum, in dem gleich neben der Tür ein Holzofen vor sich hin prasselt. Staunend betrachten wir die überbordende Vielfalt verschiedenster Kunstwerke, die – so erklärt uns später der Sohn des Hauses – allesamt von Künstlern stammen, die ihre Zeche nicht begleichen konnten.

Nicht weniger erstaunt sind wir dann von der Riesenauswahl an Gulaschgerichten, die uns sogleich geduldigst und mit viel Liebe zum Detail erklärt werden. Wir entscheiden uns für ein „Hongkong-Gulasch" mit frischem Paprika, Ananaswürfeln, Zucchini und Brokkoli und für ein „Kren-Gulasch" mit Preiselbeeren und Kümmel, das etwas schärfer hätte sein dürfen. Als Beilage werden uns Serviettenknödel und sehr feines frisches Schwarzbrot gereicht. Dazu trinken wir einen Merlot und ein Krusovice Dunkel. Auch der Chef lässt sich nicht lumpen und offeriert uns zur Überbrückung, bevor das Essen serviert wird - kostenlos - einen Slibowitz, nach dem Essen übrigens noch einen und noch einen. Hat uns jemand verraten? Als Franke wird man ja misstrauisch ob solch überbordender Freundlichkeiten. Nein, alle neuen Gäste werden so „behandelt", aber nur die netten. Testen Sie, wie nett Sie wirklich sind!

HERR LENZ
gesund essen und trinken

www.herr-lenz.de

Schonhoverstraße 18
90409 Nürnberg
0911/5985385

Thomas Grill & Thomas Dressel

Sitzplätze:
innen 40,
außen 20

Öffnungszeiten:
Mo - Sa ab 18:00
warme Küche bis
mindestens 21:30
So & Fei Ruhetag

Reservierung:
in der kühleren Zeit
sehr empfohlen

 je 7 Gerichte auf der Standardkarte und auf der Wochenkarte; viel Vegetarisches und Biozertifiziertes; keine Convenience, Wild direkt vom Jäger

 ausschließlich Bioweine aus Franken von Frieder-Burrlein, Europa und aus Argentinien von Dieter Meier

 immer zwei verschiedene wechselnde fränkische Landbiere am Start; Kitzmannn, Neumarkter

 Brände von Haas in Pretzfeld, ansonsten die selbstverständlichen Standards

 Mokarabia

 nur auf der Terasse

 kleine Portionen jederzeit machbar

 Die Betreiber kommen aus München. Gut, dass sie die Preise dort gelassen haben.

 schwierig

 EC-Bezahlung möglich

 Schillerplatz 1 390 m

 Tram 9 Wurzelbauerstraße 50 m

Liebe Veronika ...

... es fällt mir nicht leicht, Dir diese Zeilen zu schreiben, aber ich möchte nicht, dass Du es von jemand anderem erfährst. Wir waren neulich bei diesem Herrn Lenz, auf den Du schon so lange wartest.

Ja, er ist jetzt da. Richtig gut sah er aus mit seinem neuen frühlingsfrischen, grasgrünen Anstrich. Er hat uns dann auch gleich zum Essen eingeladen und uns alles erklärt wegen der Gluten- und Milcheiweisverträglichkeit und auch die Bioweine und so. Es gab eine Karotten-Ingwer-Suppe mit Honig und Blütenpollen, eine Tomaten-Kichererbsen-Suppe mit Schafskäse, dann einen Salat mit Nektarinen, Pinienkernen und Ziegenkäsedressing, Fettucine mit Bio-Garnelen und Pinienkernen. Alles ganz toll gekocht, wirklich lecker. Als Nachspeise hatten wir einen Schokoladenfondant-Kuchen aus fair gehandelter Bioschokolade mit 60 % Kakao, Eier, Zucker, Butter und sehr wenig Mehl, dazu eine Kugel hausgemachtes, reines Fruchtsorbet von der Kirsche. Wir haben dann halt so 50 € dazubezahlt, weil ich nicht wollte, dass er uns das alles schenkt. Ich bin dann mal kurz raus und da hab ich es gelesen, Veronika. Der Lenz ist zwar da, aber der Schuft ist verheiratet. Direkt neben seiner Tür ist die von „Frau Lenz".

LA RUSTIKA
Steak & Fisch, immer frisch

www.larustika.de
info@larustika.de

Stresemannplatz 1
90480 Nürnberg
0911/5209952

Orhan Isik

Sitzplätze:
innen 70,
Terrasse 50

Öffnungszeiten:
So - Fr 11:30 - 23:00
Sa 11:30 - 14:30 &
17:00 - 23:00
kein Ruhetag

Reservierung:
gerne auch über die Homepage oder telefonisch

 Fisch und vor allem Steaks von argentinischen Angusrindern, auch exotischere Tiere wie Wagyu, Bison, Krokodil, Känguru werden verarbeitet

 viele gehobene Weine, auch offen, überwiegend Italien, aber auch aus Franken und Übersee

 König, Schneider, St.Georgen-Keller, Schaffer aus Schnaittach

 Segafredo

 handelsübliche Spirituosen, exklusiveres im Cognac- und Grappabereich, Haselnussgeist von Haas in Pretzfeld

 auf der Terrasse

 Kinderkarte, Hochstühle, Wickeltisch; Terrasse eingezäunt

 bei den Rohstoffen ist ein gewisses Preisniveau logisch

 recht entspannt, auf der gegenüberliegenden Seite der Sulzbacher Straße am besten

 EC, Master, Visa, amEx, Restaurantschecks

 Sulzbacher Straße 200 m

 Tram 8 Stresemannplatz direkt vor der Türe, U2, U3, Rathenauplatz 350 m

Hausgemachte Kräuterbutter ...

... erkennt man zunächst daran, dass sie trotz Kühlung sofort optimal streichfähig ist, nicht erst dann, wenn das Steak schon kalt ist. So sammelt das La Rustika schon Pluspunkte vor dem ersten Biss.

   Wir sitzen in gemütlich-gediegenem Steakhausambiente mit Seemannsdekoration und neben einer sehr imposanten Theke, die ein Drittel des Restaurants einnimmt, hören Musik in angenehmer Lautstärke und bestellen eine Flasche kräftigen Gavi di Gavi zu 18 €, der sich als gelungener Kompromiss zu Fisch und Fleisch herausstellt. Als Vorspeisen kommen Krabben im Knoblauchsud zu 7,50 € und eine Tomatencremesuppe für 3 €. Das gute Zanderfilet mit frischem Rahmspinat und knackigen Nudeln kostet 10,50 €, hinter "Surf+Turf" verbirgt sich ein Rinderfiletsteak mit Garnelenspieß zu 18,50 €. Das Steak entpuppt sich als eines der besten, die wir je gegessen haben. Bei den Desserts (je 4,50 €) liegt eindeutig das Mousse au Chocolat wegen seiner intensiven Schokoladigkeit vorne, die Panna Cotta schmeckt uns ein bisschen zu sehr nach Zitrone. Der Blick auf die Kinderkarte lässt Elternherzen höher schlagen, denn hier werden wirklich nicht nur die üblichen Kindergerichte angeboten, sondern z.B. auch ein 100-Gramm-Steak namens „Simba".

MEISENGEIGE

www.meisengeige.de

Am Laufer Schlagturm 3
90403 Nürnberg
0911/208283

Geschäftsführer: Alexander Ludwig

Sitzplätze:
innen 40,
außen 35

Öffnungszeiten:
Mo - Sa 11:00 - 01:00
So 14:00 - 01:00
kein Ruhetag

Besonderheiten:
Hier befindet sich eines der letzten legendären Programmkinos gleichen Namens.

Reservierung:
möglich

 Westhoff il mio

 Neumarkter, Jever

 Deutschland, Österreich, Italien, Südafrika

 alle Sorten Digestifs, jeweils kleine Auswahl, Obstbrände der Gebrüder Geiger aus Thüngersheim

 Brötchen, Schinken-Käse-Toast, Süßigkeiten

 noch offen, geplant ist eher ein Raucherlokal

 werden hier selten gesichtet

 entspannt

 hier am Rand zur Innenstadt meistens recht gute Chancen

 Zahlung nur mit Bargeld möglich

 Theresienstraße 18 360 m

 Bus 36 Innerer Laufer Platz 140 m

NÜRNBERG HAT 'NE „MEISE" ...

... und das hoffentlich noch lange Zeit. Programmkinos sind vom Aussterben bedroht und wir alle sind schuld daran, weil wir viel zu selten hin gehen.

Tun wir es doch, ist es meistens toll, anspruchsvolle, sehenswerte Filme anzusehen, die man nicht so schnell vergisst wie den Mainstream. Sitzt man mal drin, spielen dann auch die naturbelassenen Äußerlichkeiten der Räume keine Rolle mehr. Es ist wie bei einem guten Essen, letztlich entscheidend ist die Qualität. Letztere hat im gastronomischen Teil über die Jahre etwas nachgelassen, das geben wir gerne zu. Hier gab es vor 30 Jahren eine der ersten Kaffeemaschinen mit Siebträger und traumhafte Baguettes. Das Angebot ist zwar etwas beliebig geworden und was aus der Maschine rauskommt, stark vom Bediener abhängig, aber dennoch gehört die Meise für uns zu den wertvollsten Plätzen in der Stadt. Irgendwann im Jahreslauf muss jeder Nürnberger mal zum gegenüberliegenden Einwohner- oder Ordnungsamt und jeder weiß, wie nervenaufreibend das bisweilen sein kann. Danach schlägt die Stunde der Meisengeige, denn es gibt keinen schöneren Platz, als hier, am besten direkt an der Straße, durchzuschnaufen und langsam bis 99 zu zählen. Wir empfehlen dazu einen unkomplizierten österreichischen Rotwein oder, je nach Gusto, gleich einen Obstbrand.

SATZINGER MÜHLE
Café Restaurant
www.satzinger-muehle.de

Kirchenberg 1
90482 Nürnberg
0911/5441889

Petra Buric

Sitzplätze:
innen 30 + 70 + 60,
draußen 120

Öffnungszeiten:
Mo - Sa 10:00 - 01:00
So 10:00 - 22:30
kein Ruhetag

Besonderheiten:
jeden ersten So im Monat Brunch; sporadisch auch Buffetabende und Musikveranstaltungen

Reservierung:
zu Brunch und Buffet empfohlen

 internationale Gerichte, frische Tageskarte, Mo - Fr mittags Expressgerichte (günstig und schnell), Sonntag Braten

 wechselnde Markenkaffees

 Standardkarte, auch alkoholfreie Cocktails, frisch gepresste Säfte, Tagescocktail zum Sonderpreis

 Kulmbacher

 aus Franken und Europa, Wein der Woche, ab und zu auch aus Übersee

 auf der Terasse möglich; beheizbare Raucherecke geplant

 Kindern werden kleine Portionen typischer Gerichte (Nudeln) angeboten

 alles o.k.

 eigener Parkplatz in 100 Metern Entfernung

 Visa, Master

 *Schmausenbuckstraße 4
440 m*

 *Tram 5, Bus 65 Mögeldorf 450 m,
Bus 40, 45 Ziegenstraße 110 m*

Glänzende Aussichten ...

... bestehen an diesem exponierten Ort, wenn sich die Sonne im Wasser spiegelt. Unser Besuch wird begleitet durch das Rauschen der Pegnitz und dem intakten Mühlenrad, der Blick schweift, Auge und Ohr sind zufrieden.

Der vordere Bereich ist mit weißen Plastikgartenmöbeln bestückt und wohl eher für einen kurzen Aufenthalt für Kaffee und Kuchen der Ausflügler gedacht, die rund um den angrenzenden Wöhrdersee zugange sind. Die große Holzterrasse mit den Teakmöbeln im hinteren Bereich ist gemütlicher, und da sitzen wir nun und wundern uns ein bisschen über den großen Spagat beim Essensangebot. Wir haben den Eindruck, dass die Betreiberin vielleicht noch auf der Suche nach einem Profil für das Lokal ist. Weniger wäre eindeutig mehr. Wir stellen ganz klar fest, dass die Tageskarte Frisches anbietet und sind von der Qualität der sehr scharfen Spaghetti arrabiata mit getrockneten Tomaten und Chili (9,50 €) und der gegrillten Hähnchenbrust mit offenbar hausgemachter Tomatenbutter (10,90 €) angenehm überrascht. Es wäre ein gewaltiger Schritt nach vorne, die Convenience-Produkte wie „Gebackener Camembert" (6,50 €), dem man die Tiefkühlherkunft ansieht, einfach weg zu lassen; dann hat auch das Lokal glänzende Aussichten.

ZABO-LINDE
Bar – Café – Biergarten

www.zabo-linde.com
info@zabo-linde.com

Zerzabelshofer Hauptstraße 28
90480 Nürnberg
0911/407078

Nikos Maniadakis & Alexander Thierbach

Sitzplätze:
innen 120 + 60,
im Garten bis zu 300

Öffnungszeiten:
ab April solange es schön ist,
Mo - Do 11:00 - 01:00 sowie
Fr & Sa 11:00 - 02:00
im Winter Mo - Do 17:00 - 01:00
sowie Fr 17:00 - 02:00 &
Sa 14:00 - 02:00

So & Fei 10:00 - 01:00, außer
Weihnachten kein Ruhetag

Besonderheiten:
So & Fei 10:00 - 14:00 Big Brunch,
Fr & Sa DJs für abwechslungs
reiche Backgroundmusik,
Fußball live auch im Raucherraum; Newsletter kann abon-
niert werden; Herr Maniadakis
betreibt außerdem die Gaststätte Hallerschloss

Reservierung:
zum Brunch vor allem im Winter
notwendig

 Zahlung nur mit Bargeld möglich

 Zerzabelshofer Hauptstr. 19
85 m

 Bus 43, 44, 65 Zerzabelshof Mitte
220 m

 Cocktail-Klassiker, Longdrinks, Shots and Sours, Non-Alkoholics, sehr oft Happy Hour: Cocktails 4,80 €, Longdrinks 4,20 €

 Brunch 12 € all you can eat; Suppen, Snacks (z.B gebackene Käsevariation zu 5,80 €), Salate, Baguettes, Mexican Especials, Pasta, Fleisch, Desserts

 Zirndorfer Kellerbier, Lederer, Tucher, Kilkenny, Krusovice, Jever

 Franken, Italien, Spanien, alle unter 4 €

 Alfredo, über 10 Sorten Tea Diamonds

 draußen sowieso, aber auch im Nebenraum mit Bar und Fernseher kann geraucht werden.

 kleine Spiele und ein gutes Kicker sind vorhanden, zum Brunch kommen einige Kinder, abends eher nicht

 dem (überwiegend studentischen) Publikum angemessen

 abends hinter dem Haus bei der Behindertenwerkstatt

Der Dauerbrenner im Osten ...

... ist die Kultkneipe im Kult-Stadtteil „Zabo" mit erfolgreichem Gemischtwarenkonzept. Hier werden Angebote für die vielen alteingesessenen Bewohner, für Junge, für Fußballfans und für Familien gemacht.

Das Ambiente ist seit gut 20 Jahren unverändert. Der Gastraum wirkt wie ein Saal, auch von der Akustik her, und ist in verschiedene terrassenförmige Ebenen unterteilt. Seitlich dominiert eine lange Theke. Nicht unerwähnt bleiben darf der legendäre alte Biergarten, großzügig gestaltet, sonnig und hell mit eigener Außentheke. Wir haben uns auf den weit über die Grenzen Zabos hinaus bekannten Sonntagsbrunch konzentriert. Für die 12 € bekommen wir einiges geboten. Breakfast: Eier in verschiedenen Variationen, Wienerle und Weißwürste, diverse Brotaufstriche, Lachs und Forellenfilets, mit Reis gefüllte Weinblätter, gegrilltes Gemüse (Antipasti), Tiramisu, Milchreis, Kaiserschmarrn, Kirschgrütze, Vanillesoße, Obstsalat, lauwarme Mozzarella Sticks. Lunch: guter Schweinebraten mit leider enttäuschender Soße. Die Klöße haben durch das ständige Wasserbad an Geschmack und Güte einbüßen müssen. Gnocchi mit Frischkäsefüllung und Gemüse zergehen auf der Zunge, das Gemüse ist bissfest, wie es gehört. Sehr positiv bleibt zu vermerken, dass ständig alles nachgelegt wird und auch größere Kinder, die nicht so viel essen, mit preislicher Kulanz rechnen können.

AUGUSTE
premium-junkfood.de

AUGUSTE
premium junkfood

www.premium-junkfood.de
auguste@premium-junkfood.de

Augustenstraße 37
90461 Nürnberg
0911/9326869

Boris Hagel

Sitzplätze:
innen 30,
außen 24

 Burger, Pizza, Schnitzel, Bio-Currywurst, Flammkuchen, Fingerfood, Salate

Öffnungszeiten:
täglich 18:00 - 01:00
kein Ruhetag

 Premiumbier, Weißenoher Bio-Export, Krug, Minnesänger, Held, Reh, Ritter, Meister, Pilsner Urquell, Tannenzäpfle

Besonderheiten:
Der Betreiber outet sich als der berüchtigte Premium-Cola-und-Bier-Dealer für Nürnberg. Diese Produkte werden in einem Hamburger Kollektiv gebraut und nur an ausgewählte Locations verkauft

 aus Jacques' Weindepot zehn offene Weine aus aller Welt

 20 verschiedene Whisk(e)ys, gängige Cocktails mit Happy-Hour ab 22 Uhr, Brände z.B. von Haas in Pretzfeld

 Taz-Presso aus Bio-Fairtrade

 ab 21:00 Rauchen erlaubt, vorher nur im Außenbereich

Reservierung:
möglich

 Das knallbunte Ambiente gefällt und die Karte ist ohnehin sehr Kinderfreundlich

 Zahlung nur mit Bargeld möglich

 Der Betreiber bringt seine soziale Einstellung auch in den Preisen zum Ausdruck

 Allersberger Straße 64
500 m

 Situation entspannt

 Tram 6 Harsdörffer Platz 190 m

DIE BESTE CURRYWURST DER STADT ...

... finden wir hier und senden bonbonlustige Grüße aus der Auguste. Ein Meer an fröhlicher Farbigkeit läßt jegliche ungute Alltagsstimmung im Nu verpuffen. Die bunte Umgebung ist bei unseren Kindern sehr beliebt, weshalb gerade dieses Lokal besonders oft besonders strengen Testreihen unterzogen werden musste.

Um dem selbstbewussten Anspruch „premium junkfood" gerecht zu werden, lässt sich Inhaber Boris Hagel einiges einfallen: Der Beilagensalat kommt mit edler Orangen-Balsamico-Vinaigrette. Statt schnöder Pommes aus dem Tiefkühler gibt es handgeschnitzte „Augusten-Pommes". Die Auswahl der Biere und alkoholfreien Getränke ist ohnehin definitiv „premium". So gesund es eben mit Junkfood geht, wird man satt, z.B. mit einem „Bürger-Burger" (3,50 €) oder einem handwerklichen Pfannenschweineschnitzel (6,90 €). Auch die Nachspeisen, wie der „Triple Choc Brownie" (3,90 €) haben es geschmacklich und kalorientechnisch in sich. Die Premium-Königin bleibt aber für uns die Currywurst (mit Beilage ab 4,90 €), zu 100 % vom Bio-Rind, in ihren verschiedenen Ausprägungen, als Krake, in Scheiben, als Pizza (!) oder ganz klassisch als Wurst und in den Schärfegraden 1 bis 5, wobei man ab dem 3. Grad aufwärts durchaus von Schwierigkeitsgraden reden kann.

BELA LUGOSI

Ein schwarzes Loch in der Südstadt

www.bela-lugosi.de
belalugosi@gmx.de

Frankenstraße 111
90461 Nürnberg
0172/8655528

René Frauenknecht, Bastian Silberkuhl

Sitzplätze:
25 Plätze

Öffnungszeiten:
täglich ab 20:00
kein Ruhetag

Besonderheiten:
Kickerturniere

Reservierung:
nicht möglich

 Landbier 2,50 €

 Pefferschnaps, Absinth, Haselnussgeist von Haas in Pretzfeld, Handelsübliche Drinks für zwei Finger, Water Melon Man und einige Standards im Longdrinkbereich

 Franken Silvaner, roter Bio-Italiener aus Montepulciano

 Erdnüsse, Snickers

 Mr. Brown aus der Dose

 es wird durchgehend geraucht, wer nicht raucht, gibt einen aus

 sorry, definitiv erst ab 18

 wer sonst gibt nachts um 04:00 Uhr noch Bier für 2,50 € raus?

 wäre kein Problem, es wird aber dringend davon abgeraten, mit dem Auto zu kommen

 Zahlung nur mit Bargeld möglich

 Gugelstraße 118
300 m

 Tram 8, Bus 65 Lothringer Straße direkt vor der Haustüre Nightliner, U1 Frankenstraße 400 m

Kult-Kneipe reloaded 3.0 ...

... René und Basti sind zähe Jungs. Erst machten sie das doch arg heruntergewirtschaftete „Bela" hinterm Bahnhof wieder voll, dann wurde wegen Luxussanierung gekündigt und nun schwebt der Vampir wieder über der Südstadt, einige Straßenecken weiter.

    Vom Blutsaugen sind die beiden weit entfernt, bieten Sie doch ein preislich mehr als faires Angebot für Nachtgiger. Es ist eine der wenigen „alten" Szenekneipen, in denen ein Verjüngungsprozess stattgefunden und sich dennoch wenig verändert hat. Betritt man die spärlich ausgeleuchtete Kneipe, erkennt man eine Spelunke im besten Sinne, in der zwischen Absinth und St.-Pauli-Zigaretten laut diskutiert, gewürfelt, gekickert und vor allem getrunken wird. Für romantische Abende oder Geschäftsessen ist dieses Lokal sicher Geschmackssache, obwohl die „Snickers" einwandfrei sind. Autonome, Künstler, Studenten, Nachtarbeiter, Nichtarbeiter, alte 68-er und junge 86-er sowie Freunde sehr lauter und sehr merkwürdiger Musik sind da und zelebrieren den gepflegten Absturz. Hier trifft man alle möglichen Menschen, nur keine „normalen". Nach längerer Anwesenheit stellt sich ein Gefühl schräger Behaglichkeit ein. Schon schön, irgendwie!

BODEGA DE RAMON

spanische Tapas

Vordere Bleiweißstraße 19
90461 Nürnberg
0911/9415837

Yanolandis de la Rossa Torres

Sitzplätze:
innen 100,
außen 40

 Tapas, Paella Ensaladas, Tortillas

Öffnungszeiten:
Mo - Sa 17:00 - 01:00
So Ruhetag

 ausschließlich spanische Weine, Hauswein DOC

Besonderheiten:
Catering auf Anfrage

 St. Georgen

Reservierung:
rechtzeitig kommen ist noch besser, denn es wird fast jeden Abend voll

 13 verschiedene Brandys, Liköre, Sherrys

 Bahia

 nur im Garten

 Tapasportionen sind eh nicht so riesig

 Zahlung nur mit Bargeld möglich

 mit zwei Tapas ist man in der Regel für unter 10 € gut satt

 Peter-Henlein-Straße 63 230 m

 U1, Tram 6, 8 Aufseßplatz 440 m

 in der Siedlung

Schnell und laut ...

... geht es zu, aber wir lassen uns nicht aus der Ruhe bringen und testen, wieviele Tapas wir schaffen.

Intensives Aioli mit Weißbrot, sehr feine Scampi-Omeletten, dann, weil es eh schon egal ist, auch noch warmes Knoblauchbrot, das leicht erkaltet serviert wird, dazu Serrano-Schinken, gemischter Salat mit einem wunderbar abgestimmten Dressing, gegrillter, sehr zarter Schweinespieß mit gut gewürzten, aber etwas fettigen Farmerkartoffeln, Garnelen, schön scharf, weil im – na logisch – Knoblauchsud, zum Abschluss Kokosnusseis und Crema Catalana. Solche Mengen Speise brauchen je einen Liter weißen Hauswein und Wasser. Trotz aller Anstrengungen schaffen wir es zu zweit nicht, die 50 €-Hürde zu überschreiten und das spricht für die angenehme Preisgestaltung in dem einfachen, ansprechend gestalteten Lokal. Für ein schnelles Essen etwa vor oder nach dem Kino können wir dieses wärmstens empfehlen, für einen längeren Aufenthalt ist uns die Hintergrundmusik zu vordergründig und zu hektisch. Geschmeckt hat es jedenfalls.

CANTINHO DO BRASIL
Restaurant Cafe e Tropicalbar

www.cantinhodobrasil.de

Wodanstraße 10
90461 Nürnberg
0911/4184108

Sandra Luzia, Claudio & Alex Hoerner

Sitzplätze:
innen 65,
außen 20

Öffnungszeiten:
von Okt - Jun täglich ab 17:00,
So ab 14:00
Jul - Sept Di - So ab 17:00
im Sommer Mo Ruhetag
kein Ruhetag im Winter

Besonderheiten:
Catering, Festveranstaltungen
weitere Infos auf der Homepage

Reservierung:
telefonisch besonders am
Wochenende und donnerstags
empfohlen

 Salate, brasilianisches Rindfleisch, viele typische Gerichte aus allen Regionen Brasiliens

 von Pina Colada bis Capeta über 20 tropische Cocktails sowie viele exotische Säfte, Cachaca in vielen Variationen

 Tucher, Zirndorfer, Jever, brasilianische Biere

 lateinamerikanische Weine aus Chile, Argentinien, Brasilien, Bolivien, zusätzlich auch aus Italien

 brasilianischer und italienischer Kaffee Alfredo

 im Gang und draußen

 flexible Küche, alle Speisen auch „in klein" für Kinder

 Zahlung nur mit Bargeld möglich

 große Show für kleine Preise

  *Allersberger Straße 135
110 m*

 schwierig

 Tram 7, 9 Wodanstraße 120 m

Pure Lebenslust ...

... strahlen sie aus, die Mitglieder der brasilianischen Familie Hoerner, bieten einen sonnigen Service und verbreiten stets gute Laune. In der liebevoll dekorierten Cantina dominiert gemütliches, rustikales Holz.

Die südamerikanische Musik im Hintergrund verführt zu Träumen von Sonnenuntergängen und mehr am Meer. Essen kann man auch sehr ordentlich, die Gerichte sind im wesentlichen fleischlastig und haben Namen wie „Camarao Paultst" (11 €) oder „Brato Tira Gost" (12,80 €). Die Hoerners verwenden in ihren Cocktails und Nachspeisen auch gerne je nach Saison einige der in reicher Anzahl vorhandenen brasilianische Früchte, von denen die meisten Europäer noch nie etwas gehört haben. Für wissbegierige Gäste sind hier also interessante Abende garantiert. Seit kurzem werden regelmäßig Rodizio-Churrasco-Abende veranstaltet, bei denen der Koch am Tisch des Gastes sechs verschiedene Sorten frisch gegrilltes Fleisch von Schwertspießen aufschneidet, bis zum Abwinken und zum leider noch nicht bekannten Festpreis, versteht sich.

EXPRESS
Cafe

Bulmannstraße 4
90459 Nürnberg
0911/435136

www.cafe-express.de

Reiner Hoh & Gerd Schnabl

Sitzplätze:
40 Plätze

Öffnungszeiten:
Mo - Fr 11:00 - 01:00
Sa 12:00 - 01:00
So 15:00 - 01:00
kein Ruhetag

Besonderheiten:
Jazz im Express jeden Donnerstag: Eintritt frei, Auftritt gegen Spende

Reservierung:
möglich

 Fässla, Meister, Keesmann Pils, Mahr, Krug, Simon Spezial Lauf, Posthörnla Tiefenellern, ein ständig wechselndes Landbier, 8 Sorten Weizen: 3 Gutmann, Riedenburger, Maisel Kristall, Fässla

 Minges aus Breitengüßbach

 überwiegend Weine von Heßler aus der Pfalz, Rioja 100 %, Temperanillo „TorreAldea", Frankenwein von M. Zeller aus Ipsheim

 schöne Whiskeyauswahl von Celtic Bulmannstraße/Wölckernstraße, ansonsten handelsübliche Spirituosen

 Weißwürste, Knacker, Wiener, Pfefferbeißer, Bihun-Suppe, Gulaschsuppe, Kolb-Laugenbrezen, Fertig-Pizzen, Nüsschen, Chips

 lupenreine Raucherkneipe

 Zutritt erst ab 18 Jahren

 Zahlung nur mit Bargeld möglich

 eigentlich sogar zwischen 1 und 2; 0,5l Bier kosten 2,50 €

  *Peter-Henlein-Straße 63
280 m*

 am Mandela-Platz oder im Parkhaus ums Eck

 *Tram 6, 8 Hummelsteiner Weg
300 m oder U1 Aufseßplatz 390 m*

Die erlesene Speisenauswahl ...

... ist es eher nicht, welche die zahlreich vorhandenen Stammgäste ins „Express" treibt, es kommen einige andere Dinge zusammen, die diesen Laden so beliebt machen:

Sehr guter Kaffee, hervorragende Whisk(e)yauswahl, regional prominente Schönheiten unter den Gästen, und nicht zuletzt der sympathisch-kautzige Gerd Schnabl hinter dem Tresen, der einem Namensvetter, Stammgast und sehr bekanntem Cartoonisten immer wieder gerne Steilvorlagen zu gastronomischen Themen liefert. Reiner Hoh, der andere Inhaber, bietet einen weiteren und möglicherweise den wichtigsten Grund, warum man das Express kennenlernen sollte. Dank seiner Bamberger Herkunft konnte er auf profunde Kenntnisse fränkischer Brauereikunst zurückgreifen und installierte hier sozusagen eine Landbierkneipe nächsthöheren Levels. Nichts gegen die „üblichen Verdächtigen", aber es gibt kleinere Brauereien, deren Biere mittlerweile an jeder zweiten Ecke verkauft werden. Das herbe Keesmann Herrenpils, das Ungespundete von Mahr (beide aus Bamberg) und das phantastisch ausgewogene Hönig-Bier aus Tiefenellern zählen sicher nicht dazu. Ach ja, acht Weizensorten sind sicher auch fast schon ein Alleinstellungsmerkmal. Darauf verwetten wir eine „Bihun-Suppe".

PEPPINO
Ristorante - Pizzeria

Maffeiplatz 16
90459 Nürnberg
0911/440137

Domenico Spiridigliozzi

Sitzplätze:
innen 45,
außen 20

Öffnungszeiten:
Mo - Sa 11:30 - 14:00 &
17:15 - 23:00
Küche bis 22:00
So Ruhetag

Reservierung:
erwünscht

 Tageskarte mit 2-3 frischen Gerichten, Wochenkarte, Pasta, Fleisch, Fisch, vegetarisch

 Italien, Frankreich, Deutschland

 Georgen

 handelsübliche Aperitivi sowie diverse ausgesuchte Grappe

 Saquella

 nur im Garten

 halbe Portionen nicht möglich

 Zahlung nur mit Bargeld möglich

 bei den Speisen voll angemessen, bei den Weinen könnte man nachbessern

 Gugelstraße 118 600 m

 wer suchet, der findet

 U1 Maffeiplatz 60 m

Ein absoluter Glücksfall ...

... war es, diese Szene erleben zu dürfen: Ich möchte den Inhaber mit dem für Tippfehler anfälligen Namen nachmittags über sein Lokal ausfragen, es ist geschlossen, der Metzger kommt mit einer Lieferung. Das Fleisch wird genau inspiziert und sogleich wird eine dünne Scheibe davon angebraten und gewürzt. Jeder der Anwesenden muss ein Stück probieren und erst als alle nicken und den Daumen heben, darf der Metzger aufatmen und wieder gehen.

Dass Wert auf Frische und Qualität gelegt wird, ließ sich schon beim Test erahnen. Besonders die Fleischgerichte, Paillard (dünnes Schnitzel vom Kalb) in Zitronensoße (14,50 €) und Scalopina al vino (13,90 €) waren überragend gut, aber auch die Pizza Schinken (5,90 €) und der gemischte Gemüsesalat (4,20 €) haben gemundet, der Wein leider nicht so. Fränkischen Spargel mit Parmesan zu gratinieren (9,50 €) wirkte auf uns eher experimentell und dementsprechend gingen die Meinungen am Tisch auseinander. Beim Nachtisch waren sich alle wieder einig: Tiramisù (4,10 €) und Panna Cotta (3,80 €) schmeckten selbstgemacht, frisch und authentisch.

ROTTNER

Romantik-Hotel
Gasthaus Rottner

www.rottner-hotel.de

Winterstraße 15
90431 Nürnberg
0911/612032

Stefan Rottner

Sitzplätze:
Restaurantgarten 70,
Nußbaumgarten 120,
Restaurant 80

Öffnungszeiten:
Küche Mo - Fr 12:00 - 14:00 &
18:30 - 21:30
Küche Sa 18:30 - 21:30
So von April - September mittags Fränkische Sonntagsküche

Besonderheiten:
mehrfach ausgezeichnete
Küche, Kochschule, kulinarisches Scheunenkino,
Dine & Dance Frühschoppen

Reservierung:
erwünscht

 regionale Saisonküche

 Schwerpunkt Franken, Deutschland und Europa; Claudia Rottner, die Ehefrau des Chefs ist gelernte Sommeliere

 ein Digestifwagen mit einer stattlichen Auswahl an heimischen Bränden steht bereit

 Spalter

 im Haus werden verschiedene Sorten eingesetzt

 Raucherbar vorhanden

 separate Kinderkarte, viele Malutensilien vorhanden, Spielplatz im Sommer geöffnet

€€€€€ preiswert gehoben

 um den Gasthof herum ist genügend Platz

 EC, Visa, Master amEx

Wallensteinstraße 24
1500 m

 Bus 69 Großreuth bei Schweinau
300 m

Perfekte Symbiosen ...

... scheinbar unvereinbarer Gegensätze zu schaffen, ist die reizvolle Aufgabe, der sich die Rottners immer wieder gerne stellen und die sie stets mit Bravour zu meistern pflegen.

Ein rustikaler Nußbaumgarten mit Zithermusik, ein hochmodernes Designhotel, ein Restaurant für Gourmets, wohin sonntags Familien zum Bratenessen kommen, eine Kochschule und eine gewisse Medienpräsenz. All das macht Stefan Rottner, ein „Mister Überall" und Organisationsgenie. Der Abend im Restaurant übertrifft die hohen Erwartungen sogar. Schon die Grüße aus der Küche, Taubenmousse auf Apfelgelee, Kürbisgelee mit Blumenkohlmousse und Kürbiskartoffelsüppchen mit Schäufeletäschchen, zeigen an, wie konsequent saisonal und phantasievoll gekocht wird.

Ein Menue kostet 64 €, besteht aus Gänseleberparfait mit Traubengelee, Muschelrahmsüppchen mit Safran, Zander gebraten auf Kürbisgemüse, Wildentenbrust mit Steckrüben und Kartoffelkrapfen, Quittentarte und Schokoladenparfait. Die 21 € für das dazu passende Weinset sind gut angelegt. Einzelne Bestandteile oder wie in unserem Fall mariniertes Herbstgemüse mit Ziegenkäseeis (14 €), Hirschmedaillons mit Wirsinggemüse, Schupfnudeln und Rotweinzwetschgen (26 €), Schokoladenvariationen (14 €) sind auch zu haben und alles ist fast schon unheimlich perfekt.

SCHÄUFELE-WÄRTSCHAFT

www.schaeufele.de

Schweigerstraße 19
90478 Nürnberg
0911/4597325

Holger Meesmann (Don Schäufele)

Sitzplätze:
innen 50,
außen 40

Öffnungszeiten:
Mo - Fr 12:00 - 14:00 &
17:00 - 22:00
Sa 17:00 - 22:00
So 11:00 - 22:00
kein Ruhetag

Besonderheiten:
Heimat des fränkischen
Schäufelevereins,
Online-Verkauf von
Schäufele-Devotionalien
aller Art

Reservierung:
empfohlen, bitte telefonisch

 Schäufele auch in kleineren Größen, Braten, saumäßige fränkische Küche, günstiger, täglich wechselnder Mittagstisch

 Meister, Schanzenbräu, Eberweisse (die mit der Sau drauf), Rittmayer leichtes Weizen, Jever, ein ständig wechselndes Landbier kleiner Brauereien, Zirndorfer

 fränkische Obstbrände von Arno Dirker, Mömbris und Gebr. Geiger, Thüngersheim

 Fischer, Wiesentheidt

 Lavazza, nur Espresso, keine Milchprodukte

 nur im Garten

 halbe Portionen möglich

 genau zwischen saubillig und sauteuer

 man braucht ein Sauglück, immerhin gibt es 1 (einen!) Parkplatz im Hof

 EC-Bezahlung möglich

 Allersberger Straße 64
250 m

 Tram 6 Harsdörffer Platz 130 m
oder Tram 7, 8, 9 Schweigerstraße 150 m

Die grösste Sauerei ...

... findet man zweifellos hier. Die „Freunde des Fränkischen Schäufele", ursprünglich ein Verein harmloser Spinner, der sich monatlich zum Schäufeleessen traf, um dann einen Schäufeleführer zu schreiben, schicken sich mittlerweile an, das Schäufele zum Weltkulinarerbe zu erheben.

    Dabei gehen sie sehr geschickt vor. Ihre Wirtsstube ist, entgegen der Erwartung und in Kenntnis vieler fränkischer Gasthäuser, hell und modern eingerichtet. Im Boden sind saugeile LED-Leuchten eingelassen, die in abwechselnden Farben verlaufen. Der Architekt heißt „Don Schäufele", was ein saumäßiger Zufall ist. Es ist immer eine saunette Bedienung da, die sich sauber auskennt. Die Wände sind verziert mit saugroßen Ferkelportraits. Figurbewusste versucht man mit halben Schäufele (6,20 €) zu verführen. Die Schäufele sind echt saugut, die Beilagensalate auch. Der Schäufelesalat (8,30 €) ist optisch sehr imposant, aber mit sauviel Salat und sauwenig Schäufelestreifen. Beim schmackhaften Pfannenschnitzel (8,20 €) sind die Bratkartoffeln saudick. Auf den Toiletten sind die Mitglieder des Vereins verewigt und schauen allen Gästen beim Pinkeln zu – saulustig!

SÜDLICH°
...genießen

www.restaurant-suedlich.de
restaurant-suedlich@gmx.de

Tafelfeldstraße 73 Eingang Humboldstraße
90443 Nürnberg
0911/4392618

Anja Lenke

Sitzplätze:
innen 60,
außen 60

Öffnungszeiten:
Mo - Fr 11:30 - 14:00 &
18:00 - 24:00 Küche bis 22:00
Sa 18:00 - 24:00 Küche bis 22:00
So 18:00 - 22:00 Küche bis 21:00
kein Ruhetag

Besonderheiten:
sonntags wöchentlich wechselndes Menue, sonntags Weinverkostungen

Reservierung:
telefonisch empfohlen

 kreative mediterrane Küche, viele vegetarische Gerichte

 hauptsächlich aus Italien, grundsätzlich nur aus Europa

 Saquella (Espresso nur 0,90 €)

 kleine feine Auswahl an Grappe

 Gutmann, Veldensteiner

 tendenziell geht die Planung Richtung Nichtraucher, evtl. kommt mal eine Abtrennung wie früher

 Kinderwünsche werden bevorzugt behandelt, „Kindernudeln" werden z.B. als Trennkost serviert, Tafeln zum Malen sind vorhanden

 Die Leistung liegt locker eine Stufe über dem Preis

 in der Humboldstraße ist oft was frei

 EC-Bezahlung möglich

 Peter-Henlein-Straße 63
650 m

 Tram 6, 8 Christuskirche 350 m
oder U1 Aufseßplatz 450 m

Einen Ort zum Wohl fühlen ...

... finden wir südlich. Warme, ockerfarbene Wände und ein großzügig bestuhlter Gastraum mit blanken Holztischen sorgen für eine rustikal – gemütliche, aber moderne Atmosphäre. Angenehmes Licht lässt den Raum noch offener erscheinen und transportiert behagliche toskanische Land-Stimmung.

Nette Stammgäste und die Nähe zu einem Elektrokonzern ergeben vor allem zur Mittagszeit, wenn stets ein ausgewähltes Mahl besonders günstig beworben wird, ein interessant gemischtes Publikum. Der Abend im Zeichen des Fisches ist aus unserer Sicht ein voller Erfolg: vorneweg eine frische Spinatsuppe (3,80 €), die die Lebensgeister weckt und eine zarte Räucherforelle (8,90 €), anschließend Lachs-Zanderroulade (15,20 €) und gebackener Zander (14,90 €). Man merkt den Speisen an, dass auf hervorragende Zutaten geachtet wird. Was enorm dazu beiträgt, den Abend auch finanziell recht erfreulich enden zu lassen, sind die moderaten Getränkepreise. Die kompetent empfohlenen 0,2-er Weine liegen unter 4 €, eine vorab benötigte Saftschorle schlägt mit nur 1,10 € zu Buche und beim Espressopreis von 90 ct erkennen wir, dass er eine geschickte, charmante Verbeugung vor dem Gast bedeutet.

YEC´HET MAD
Südstadt Crêperie

www.creperie-nuernberg.de

Brosamerstraße 12
90459 Nürnberg
0911/443947

Anna Meyer

Sitzplätze:
innen 45,
außen 40

Öffnungszeiten:
Di - So 18:00 - 24:00
Mo Ruhetag

Besonderheiten:
alle 6-7 Wochen Ausstellungseröffnungen mit namhaften Künstlern aus der Region; im Hinterhaus befindet sich mit dem „Casablanca" eines der letzten Nürnberger Programmkinos, dessen Fortbestehen kürzlich durch einen Verein gesichert wurde

Reservierung:
möglich

 Bretonische Crêpes, Suppen, Salate, Käse, alles aus kontrolliert bio-zertifiziertem Anbau

 Bioweine aus Frankreich, Italien, Österreich

 Pyraser

 fair gehandelter Kaffee und Kakao aus kontrolliert biologischem Anbau

 spielt eine untergeordnete Rolle

 nur im Garten oder am Rauchertisch im geschützten Flur

 Pyraser Malbuch verfügbar

 Zahlung nur mit Bargeld möglich

 *Peter-Henlein-Straße 63
700 m*

 U1, Tram 6, 8 Aufseßplatz 490 m

 Bio scheint im Einkauf richtig günstig zu sein

 Fahrradfahren ist gesünder und schont in diesem Fall auch noch die Nerven

Bio für alle ...

... bietet Anna Meyer frei nach dem Motto „hoher Anspruch, niedrige Preise" in ihrer längst zur Institution gewordenen Crêperie. Die gestandene Wirtin ist Überzeugungstäterin, und als solche ist ihr das Credo wichtiger als ihr eigenes Wohl, solange sie nur davon leben kann.

    Und so essen wir zum wiederholten Male Crêpe (was sonst?), die es hier seit Jahrzehnten in gleichbleibend guter Qualität gibt, mit Orangenmarmelade und frischen geriebenen Haselnüssen, Crêpe mit Schokosoße, Eierlikör und Zimt (je 3,60 €) und danach Käsewürfel mit Bio-Kräckern (2,80 €). Zu Trinken gibt es, weil es draußen kalt ist, heiße Bio-Schokolade aus fairem Handel, Bio-Sandorn-Verbenentee (2,90 €) und dann noch einen Bio-Rosé (3,30 €). Die Inhaberin legt sehr großen Wert darauf, dass wirklich alles aus rein biologischem Anbau kommt. Dabei ist diese Lokalität immer noch sowohl Restaurant, als auch Stadtteilkneipe, Debattierclub, und, hurra, glücklicherweise außerdem doch noch „Kinowartesaal" mit viel beachteten Ausstellungen renommierter Künstler, die das gelungene Gesamtangebot wunderbar abrunden.

ALLA TURCA
Restaurant

Johannisstraße 83
90419 Nürnberg
0911/556260

Abdullah Akcasu

Sitzplätze:
innen 35,
außen 65

Öffnungszeiten:
Mo - Sa 18:00 - 24:00
So Ruhetag

Besonderheiten:
Ausstellungen Oskar &
Herbert Koller
Partyservice,
geschlossene Gesellschaften
möglich

Reservierung:
immer gerne gesehen,
am Wochenende empfohlen

 gepflegte authentische türkische Küche, Istanbuler Hausmannskost, kein Döner

 Türkei, Italien, Frankreich, alle Weine werden vom Chef verkostet

 Wolfshöher

 türkischer und italienischer Kaffee

 ausgewählte Brände aus der Türkei (Raki), Deutschland und Italien

 nur im Garten

 Küche reagiert flexibel, die Vorspeisen sind als Fingerfood beliebt

 teuer geht anders

 ab 18:00 entspannt sich die Lage in der geschäftigen Johannisstraße

 Master, Visa

 *Johannisstraße 60
170 m*

 *Tram 6, Bus 34 Brückenstraße
75 m*

Gastfreundschaft ...

... ist nicht nur ein Wort, hier wird schon bei der Begrüßung deutlich, dass man willkommen ist. Wir betreten einen klaren, schlichten Gastraum, der in angenehmen Terracottafarben gehalten ist.

Bei der Essenswahl steht das Personal hilfreich zur Seite, denn Istanbuler Hausmannskost ist für uns zunächst einmal erklärungsbedürftig, finden wir sie hier nun mal nicht an jeder Ecke. Einen weiteren Pluspunkt stellen die Kräutertöpfchen an den Fensterbänken dar, die in der osmanischen Küche so wichtige Würze kommt also nicht aus irgendwelchen gekauften Gläschen. Der klassische Hummus als Vorspeise (4,20 €) schmeckt ausgezeichnet, ebenso wie die Krabben im Tontopf (7,90 €) und die mit Tomaten, Paprika und Bulgur gefüllten Auberginen (7,70 €). Auf eine Steigerung des Geschmackserlebnisses sind wir eigentlich nicht eingestellt, jedoch die türkischen Lammfleischfrikadellen (7,90 €) stellen alles andere in den Schatten. Kein aufdringlicher Hammelgeschmack, sondern ein zartes, perfekt gewürztes Gericht. Die gereichten türkischen Weine (0,2-er Cancaya zu 3,60 €) sind ebenfalls bemerkenswert. Die Nachspeisen schließlich, Feigen mit Walnussfüllung auf Mascarpone, Aprikosen mit Mandelfüllung auf Mascarpone und Eis mit Amaretto (je 5,50 €), runden den Abend ab und bestärken uns in dem Vorhaben, wiederzukommen.

BALAZZO BROZZI
Tagescafe

www.balazzobrozzi.de

Hochstraße 2
90429 Nürnberg
0911/288482

Richard Winter - Klaus Dengler - Susanne Merz

Sitzplätze:
innen 130,
außen 50, verteilt auf Hof und Terrasse

Öffnungszeiten:
Mo - Sa 09:00 - 23:00
So 09:00 - 21:00
Ruhetag jeden ersten Montag im Monat

Besonderheiten:
Konzerte regionaler Größen meistens samstags geschlossene Gesellschaften möglich, d.h., das ganze Lokal kann gebucht werden

Reservierung:
möglich, Sonntag empfehlenswert

 Bio-Kaffee, Espresso von Il Nuraghe

 Frühstück, Buffet am Sonntag, Tageskarte mit ca. 12 wechselnden Gerichten, viel Pasta, Vegetarisches, zur Zeit indische Einschläge, Mitarbeiter bringen ihre Art zu kochen mit ein

 Brauerei Kanone aus Schnaittach

 hauptsächlich Italien, fränkischer Biowein aus Mainstockheim

 kleine Auswahl gängiger Schnäpse

 nur draußen, im Hof sogar überdacht

 Kinder gehören zum Brozzi wie der Spielplatz zur Rosenau

 Zahlung nur mit Bargeld möglich

 alles gut, besonders charmant: Beim Sonntagsbuffet erfolgt die Zahlung nach einer wohlwollenden Schätzung

  Am Plärrer 12
500 m

 schwierig

 U1, 2, 3, Tram 4, 6, Bus 34, 36
Plärrer 500 m

Oft kopiert und nie erreicht ...

...ist das Sonntagsfrühstück im guten alten „Brozzi". Wer zu den wenigen gehört, die noch nie da waren, der sei beim Betreten des Lokals gut beraten, auf den Untergrund zu achten, auf den er tritt.

Hier können sich einzelne Kleinkinder aufhalten oder ganze Krabbelpolonaisen stattfinden, die man zwar sehr gut hören, aber leicht übersehen kann. Durch die vielen, hohen Fenster lichtdurchflutet, mit ausgesuchter Begrünung bedacht, hält man hier außerdem für jeden Geschmack eine Sitzgelegenheit bereit, Bistrostuhl trifft auf Loriot-Couch. Noch vielfältiger stellt sich das Buffet dar: frische Bamberger, knusprige Brötchen, Brot, Nudelsalat in verschiedenen Ausprägungen, Eiersalat mit Sahne, Taboulet, Kichererbsensalat, orientalischer Hühnchensalat, Gemüseterrine, Auberginen mit Walnussfüllung, Marmelade, Nutella, Honig... Bei den Getränken wird seit Jahrzehnten auf bewährte Qualitäten zurückgegriffen und so versteht es sich von selbst, dass Espresso & Co so schmecken, wie sie schmecken sollen. Beim Bier, das vor allem bei den zahlreichen Abendveranstaltungen gut zum Einsatz kommt, setzt man als erste Szenekneipe mit Landbier seit 1980, dem Jahr der Eröffnung, auf „Kanone".

BMF-Barbetrieb

Wiesentalstraße 34
90419 Nürnberg
0911/8919100

Christoph Schlee & René Vogel

www.bmf-bar.de
info@bmf-bar.de

Sitzplätze:
innen 40,
im Garten 30

Öffnungszeiten:
Do - Sa ab 20:00
So - Mi Ruhetage
Weihnachtsferien geschlossen

Besonderheiten:
mit der mobilen Bar ist Catering möglich;
Namensgeber ist die Bayerische Metallwarenfabrik, deren Museum hier donnerstags und sonntags jeweils nachmittags geöffnet hat

Reservierung:
möglich, Fr & Sa empfohlen

 alle Klassiker mit Schwerpunkten im Bereich Gin und Whisk(e)y

 Rittmayer Hallerndorf, sporadisch Tegernseer Hell

 Bioweine von Weingut Wittmann aus Rheinhessen, Italien, Frankreich, Spanien, alle von K&U, vielfältige Champagnerauswahl

 illy

 Salzgebäck

 im beheizten Garten

 durch die Öffnungszeiten bedingt zu vernachlässigen

 branchenüblich, günstiges und sehr gutes Bier

 in der Wiesenthalstraße oder auf dem Parkplatz am Westbad

 EC, Master, VISA

 *Johannisstraße 60
700 m*

 *Bus 34 Großweidenmühlstraße
360 m*

HÖHER ALS BREIT ...

Wir betreten den Eingangsbereich der ehemaligen Metallwarenfabrik BMF und sind beeindruckt von der eigenwilligen Architektur. Die kleine Halle ist weitaus höher als breit.

Wir kommen in die Bar und stellen fest: Hier geht es architektonisch genau so weiter. Ein langer Schlauch mit nur einer Reihe roter Lederbänke und einer langen Bar. Mehr geht nicht rein. Dafür umso besser gehen bei uns die leckeren Cocktails rein. Die Auswahl fällt wahrlich schwer, zumal weitaus mehr angeboten wird, als vermutet. Sämtliche Klassiker sind vertreten. Wir gönnen uns einen Pick-Up (6,50 €), einen Brunnelloni (6 €), einen Cosmopolitan (7 €) und eine Caipirinha (7,50 €). Die Dame im Service ist extrem aufmerksam, lässt keine Wünsche offen und auch die beiden „Zauberer" hinter dem Tresen, die in ihren lustigen Jacken aussehen wie Chemielaboranten, haben ein Gefühl dafür, was der Besucher gerade braucht. Wir fühlen uns sehr wohl und auf jeden Fall bestens verstanden, bleiben länger als geplant und wir verlassen die BMF-Bar breiter als hoch ...

DER EXPRESS
Orient-Restaurant

Kernstraße 5
90429 Nürnberg
0911/2875565

Ali Zibi

Sitzplätze:
innen 29,
außen 14

Öffnungszeiten:
Restaurant Di - Do 17:00 - 23:00,
Fr & Sa bis 24:00

Imbiss Mo - Fr 12:00 - 14:00
warme Küche Di - Do 17:00 -
22:30, Fr & Sa bis 23:00

So Ruhetag, Mo nur mittags
Imbiss

Besonderheiten:
Der Restaurantbereich sieht aus
wie ein Eisenbahnwaggon aus
dem alten „Orientexpress"
Partyservice möglich,
alle 3 Monate wechselnde Kunstausstellungen

Reservierung:
vor allem in den Wintermonaten
empfehlenswert

Zahlung nur mit Bargeld möglich

*Fürther Straße 75
50 m*

U1, Bus 34 Gostenhof West 40 m

Arabisch-Libanesische Küche, Imbisse zum Mitnehmen

Franken, Griechenland, Libanon; Flaschenweine aus den Ländern entlang der Route des Orient-Express; demnächst auch Bioweine

Kulmbacher, Bitburger, Gutmann

gute, eher seltenere Säfte (Guave, Mango)

arabischer Mokka von bekannten libanesischen Röstereien

Das Lokal ist schon seit seiner Eröffnung rauchfrei

halbe Portionen machbar, Spielplatz in erreichbarer Nähe hinter der Schule

sehr günstige Imbisse und Säfte, im Sitzen kostet es halt etwas mehr

am Wochenende durchaus nicht so einfach, am meisten ist in der Fürther Straße frei

Alles einsteigen ...

... und ab geht die kulinarische Fahrt durch den Orient. Der ehemalige Bahnangestellte Ali Zibi hat seinen Gastraum bis in das kleinste Detail liebevoll in ein Abteil des berühmten Orient-Express verwandelt. Nebst einem Grammophon und einem alten Schreibsekretär wurde sogar an entsprechende Abrundungen an der Zimmerdecke gedacht. Die Wände sind so gestaltet, dass man den Eindruck erhält, man sitze an einem Zugabteilfenster.

Die Verwechslungsgefahr zwischen einem Restaurant in Gostenhof und einem Zug zwischen Paris und Istanbul liegt natürlich auf der Hand, weshalb eine Abmahnung seitens der französischen Staatsbahn an den ehemaligen Kollegen logisch war und er den Namen des Lokals ändern musste. Frau Zibi erklärt uns detailgenau und mit Hingabe die Gerichte aus der schön gestalteten Menükarte und mit, wie es sich gehört, leichter Verspätung, kommt dann auch das Essen. Das Warten lohnt sich, alles mundet köstlich: Gemischte Vorspeisen (groß 9,30 €, klein 5,90 €). Couscous mit Lamm (9,50 €), Lammhackfleisch vom Grill (7,90 €) und Falafel-Halloummi-Teller (7,90 €), dazu libanesische Weine (0,1-er zu 2,30 €), zum Nachtisch selbstgemachtes Mandeleis in Pfannkuchen mit Granatapfelsoße (3,50 €) und „Vogelnester" genannte Nudeln mit Pistazien (2,50 €). Das Falafel ist übrigens tagsüber der Hit für Eilige „to go".

ELEON

*Geschmackvoll
griechisch speisen*

www.eleon-online.de

Wiesentalstraße 1
90419 Nürnberg
0911/4193662

Apostolos Kassiteropoulos

Sitzplätze:
innen 35,
außen 50

Öffnungszeiten:
Di - So 17:00 - 01:00
Mo Ruhetag

Reservierung:
sehr von Vorteil

 traditionelle griechische Hausmannskost und neue griechische Küche

 prämierte griechische und europäische Weine

 ...Il Caffé

 reiche Auswahl an handelsüblichen Spirituosen, hervorzuheben sind die griechischen Trester Methexis und Tsipouro

 Zirndorfer

 nur im Garten

 Karte sehr kinderfreundlich

 Die Preise eher 08/15, die Speisen ganz und gar nicht

 nicht ganz einfach

 EC-Bezahlung möglich

 *Johannisstraße 60
390 m*

 *Bus 34 Großweidenmühlstraße
40 m*

Im Zeichen der Olive ...

... präsentiert sich die Inneneinrichtung konsequent bis hin zur Toilette.

Konsequent verwirklicht der junge Wirt auch seine erfreulichen Vorstellungen von griechischer Küche. „Griechisch essen geht gar nicht" haben ihn seine Kumpels immer gerne aufgezogen, und nun sitzen sie selbst hier, weil sie einsehen müssen, dass es eben doch geht, und wie! Sehr horizonterweiternd sind die verschiedenen Mezede's, die der Gast selbst zusammenstellen oder sich auch auf einen Pauschalvorschlag einlassen kann (15,80 € für 2 Personen). Ein wahres Feinschmeckergedicht sind die Kotobaconmechourma: Hähnchenbrust-Dattelspieße im Speckmantel an Rucola-Salat mit Walnüssen und Balsamico-Honigdressing (10,60 €). Auch das andere Hauptgericht, Kalamari medentrolivano, ist ein absoluter Volltreffer: In Rosmarin, Weißwein und Knoblauch eingelegter Tintenfisch an Basmatireis und Zitronen-Honigsoße (11,30 €). Die angebotenen griechischen Weine (0,2l ab 3,70 €) liegen qualitativ weit über dem Durchschnitt vergleichbarer Lokale. Für ein Dessert war aufgrund der großzügigen Hauptgänge kein Platz mehr, leider!

GASTHAUS BRAUN

Gostenhofer Hauptstraße 58
90443 Nürnberg
0911/284876

Brigitte Braun

Sitzplätze:
33 Plätze

Öffnungszeiten:
Do - Mo 19:00 - 24:00
Di & Mi Ruhetage

Reservierung:
sehr empfehlenswert

 italienische Hausmannskost, vorwiegend aus Norditalien

 Italien, Spanien

 Meister, Aufsesser

 wechselnde Sorten 100% Arabica

 wechselnde fränkische Obstbrände und Grappe

 rauchfrei

 halbe Portionen möglich

Preis-Leistung ein Volltreffer

 Zahlung nur mit Bargeld möglich

 Am Plärrer 12 440 m

 such, such, such... und Platz!

 U1, U2, U3, Tram 4, 6, Bus 34, 36
Plärrer 380 m

Eine Trattoria ...

... ist per Definition ein kleines italienisches Speiselokal, in dem einfache Speisen zubereitet werden. Im Unterschied zu einem Ristorante wird hier mit Gästen eher familiär umgegangen, die Atmosphäre ist unkompliziert. Genau so wie bei Brigitte Braun eben.

Es herrscht Wohnzimmeratmosphäre, es ist klein, es ist eng, es ist laut, der Wein kommt in Wassergläsern, der halbe Liter kostet 7,80 €. Vom Tresen aus kann man die Chefin beim Kochen beobachten. Es gibt eine handgeschriebene Tageskarte mit wenigen Gerichten, Vegetarisches, Fleisch, ab und zu Fisch, italienische Hausmannskost halt. Die freundliche junge Bedienung hat eine lustige Wollmütze auf und bringt gemischte Antipasti (7,20 €), Büffelmozzarella (4 €), Hühnchenrouladen (8 €), Tortellini mit Garnelen (7,60 €), Tiramisu (3,80 €), Espresso (1,60 €). Was die italienische Küche so beliebt macht, zeigt sich hier wieder einmal überdeutlich: selbst einfache Pasta kann glücklich machen, wenn es jemand versteht, sie einfach nur gut zuzubereiten und perfekt zu würzen. So wie Brigitte Braun in ihrer Trattoria!

GELBES HAUS

Mixologenwerkstatt für den Zusammenbau flüssiger Genussmittel

www.gelbes-haus.de

Troststraße 10, Höhe U-Bahnhaltestelle Bärenschanze
90429 Nürnberg
0911/262274

Oliver Kirschner

Sitzplätze:
innen 70,
außen 32

Öffnungszeiten:
Mo - Sa ab 20:00
So Ruhetag

Besonderheiten:
monatlich Sa Cocktailshakekurse, monatlich So Whisk(e)y-Tasting, Treffpunkt des Highland-Circle-Clubs, mobile Bar für bis zu 5000 Gäste; Oliver Kirschner betreibt außerdem das Theatercafe Tafelhalle und das Restaurant Lessing

Reservierung:
für Gruppen ab 6 Personen unumgänglich, grundsätzlich Fr & Sa ratsam

 Cocktails - Malt-Whiskey - Gin - Aperitifs und Digestifs - Liköre

 Rittmayer Hallerndorf, Meister, Budwar, Becks

 ein roter und ein weißer Hauswein, die aber selten verlangt werden

 Bellissimo, nur Espressi

 Chili con Carne, diverse Suppen, kalte Kleinigkeiten, Oliven und Knabbereien

 nur im Freien möglich

 nicht für Kinder geeignet

 €€€€€ *Es gibt schließlich nur einen Oliver Kirschner*

 EC, Visa, Master, amEx

Fürther Straße 75
200 m

 U1 Bärenschanze 50 m

in den zahlreichen Seitenstraßen der Fürther Straße

ZEITLOS ...

... präsentiert sich das „Gelbe Haus" und scheint dabei nie aus der Mode zu kommen. Oliver Kirschner macht sich nämlich nichts aus Moden. Muss er auch nicht, denn er ist ja selber ein Trendsetter.

Seine Eigenkreationen, die auch in anderen führenden Häusern Anwendung finden, seien jedem aufgeschlossenem Gast empfohlen. Der Hauscocktail nennt sich „Gruß aus Kalchreuth" und besteht aus Fränkischem Kirschwasser, Cointreau, Erdbeersirup, Zitronensaft und pürierten Erdbeeren (8 €). Wer es stärker mag, der nehme den vorzüglichen Elefantenschwanzcocktail (13,50 €) mit drei verschiedenen Rumsorten, Honig, Ananassaft, Orangensaft, Muskatnuss, Zimt und Angostura. Auch der „Goldene Wurf" mit Marillenlikör, Laphroaig, Kardamon, Szechuanpfeffer, Zitronensaft und Zucker (7,50 €) und die „Adult Lemonade" (8,50 €) mit Hendrick´s Gin, hausgemachtem Holunderblütensirup, Apfelsaft naturtrüb und Gurkenscheiben haben VGN und Taxis schon einige Kunden mehr beschert. Für Freunde des gepflegten Hefeweizens hat die Karte eine längere Beschreibung auf Lager, die den Rahmen dieses Textes leider sprengen würde und die es sich lohnt, vor Ort zu lesen, mit einem Hallerndorfer im Anschlag!

KERSCHERS IMBISS

Imbissrestaurant

www.kerscher-imbiss.de

Ergersheimer Straße 2
90431 Nürnberg
0911/328182

Tim Kercher

Sitzplätze:
innen 25,
außen 33

Öffnungszeiten:
Mo - Fr 08:30 - 20:00
Sa & So Ruhetag

Reservierung:
eher unüblich

 sehr große Auswahl an klassischen Imbissgerichten sowie vollwertige Mahlzeiten in den Bereichen Fleisch, Fisch, Nudeln

 Weißenoher

 große Auswahl an alkoholfreien Getränken

 leider nicht bekannt

 nur im Freien möglich

 hier finden auch Kinder Schmackhaftes, sollten sie sich mal ins Gewerbegebiet verlaufen

 manches ist normalpreisig, wer auf den Preis schaut, wird auch mit 3 € satt

 eigene Parkplätze vorhanden

 Zahlung nur mit Bargeld möglich

 Leyher Straße 107a
1300 m

 Bus 38 Lenkersheimer Straße
210 m

Seit Jahren immer ein gutes Zeichen ...

... sind LKW vor der Türe, weil es sich um einen Imbiß handelt und die Brummifahrer notgedrungen schon immer Spezialisten auf diesem Gebiet waren. Dank der laufenden Vergrößerungen und der hochprofessionellen Logistik bei der Essensausgabe und Kasse kommt hier keine Hektik auf, trotz der unglaublich hohen Gästefluktuation.

Zugegeben, die Sigmundstraße ist nicht gerade die Perle der Nürnberger Sehenswürdigkeiten, aber dafür sitzt man beim Kerscher schon recht relaxt, ideal für eine schnelle Pause mit rustikalen Essensgelüsten. Die Currywurstsauce ist hausgemacht wie das gelungene Salatdressing, und die Bratkartoffeln sind ohnehin schon fast Kult.

Leider hatten die Betreiber an einem Gespräch mit uns kein Interesse, so dass alle hier veröffentlichten Angaben auf eigenen Recherchen beruhen und somit weder vollständig noch verifiziert sind.

LA VINERIA
Osteria - Enoteca

**Austraße 102
90429 Nürnberg
0911/2878286**

Jürgen Vogt

Sitzplätze:
innen 25,
außen 40

Öffnungszeiten:
Mo - Sa ab 19:00
mittags nach Vereinbarung
warme Küche bis 21:30
So Ruhetag

Besonderheiten:
Weinhandel inklusive

Reservierung:
erwünscht, am Wochenende empfohlen

 Norditalienische Saisonküche, Tageskarte

 aus Deutschland, Österreich, Italien, direkt vom Winzer, flaschenweise Verkauf zu Ladenpreisen

 Brände z.B. von Wüst, Zang aus Franken, diverse Grappe und Aperitivi

 Universal, nach Rezeptur von de Francesco

 Tucher Weizen, Lederer

 nur im Garten

 Küche reagiert flexibel auf Kinderwünsche

 trotz „coperto" sehr günstig

 vor der Türe genügend vorhanden

 Zahlung nur mit Bargeld möglich

  *Fürther Straße 75
800 m*

 U1 Bärenschanze 390 m

Zum Kurzurlaub nach Italien ...

... reist man am besten nach Gostenhof, denn authentischer geht es nicht mehr. Ein großzügiger Raum, abgeteilt durch ein Podest, helles Holz dominiert und gibt dem Raum eine gemütliche Wärme, ohne erdrückend zu wirken.

Die in Italien vielerorts nicht mehr übliche Gebühr für „pane e coperto" (1,50 €) findet hier durchaus seine Berechtigung, legt man doch Wert auf außerordentlich teure Weingläser und Stoffservietten. Speisen und Weine werden mit Hingabe erklärt und auch die Herkunft von Zutaten ungefragt offen gelegt. Der ohne Zweifel vorhandene persönliche Bezug der Wirte zu ihren Quellen schafft Vertrauen beim Gast. Das Ziegenfrischkäsemousse (6,40 €), die Casoncelli con buro e grana (gefüllte Nudeln mit Butter und Parmesan, (7,60 €) und ein Saibling mit frischem fränkischen Spargel und geschmolzener Butter (11,50 €,) nötigen uns höchsten Respekt vor der Küche ab. Cantuccini mit Vin Santo (3,60 €), vier verschiedene Käse (5,70 €) und Schokoladenkuchen aus Bozen (2,30 €), dazu passender Blaufranke aus Umbrien sowie ein ausgezeichneter Espresso zum Schluss runden das Menü ab.

LE VIRAGE

Restaurant francais

www.nefkom.net/le.virage
le.virage@nefkom.net

**Helmstraße 19
90419 Nürnberg
0911/9928957**

Rudi Feeß

Sitzplätze:
30 Plätze

Öffnungszeiten:
Di - So ab 18:00
Mo Ruhetag

Reservierung:
erwünscht

 französische Regionalküche

 französische Weine gehobenen Anspruchs

 Fortezza aus Cadolzburg

 Digestife aus Frankreich: Cognac, Calvados, Elsässer Brände

 Tucher-Grunddienstbarkeit, deswegen kein Bier

 Nichtraucher

  sind auch Gäste

 Speisen sind völlig nachvollziehbar, Weine besonders fair kalkuliert

 am Westbadparkplatz

 EC, VISA, Master

 *Johannisstraße 60
525 m*

 *Tram 6 Julienstraße
310 m*

Quer durch die Provinzen Frankreichs ...

... streifen wir, zielsicher navigiert von einer kleinen, feinen Karte mit zwei Menues, von denen auch einzelne Bestandteile zu haben sind.

Der Preis für die Reise, der leicht variieren kann, beträgt an diesem Abend 33 €. Im Begleitfahrzeug lagern im großen Paket – passend zu den einzelnen Gängen – hervorragend ausgesuchte Weine zu 26 €, wie der 04-er Chateau Turcaud, Bordeaux Rouge oder der 06-er Chateau Mourgues du Gres, Les Galets Dorés Costieères de Nimes. An den einzelnen Reisestationen gibt es geschmacklich einiges zu entdecken: Gesottene Kalbszunge auf Meerettichlauch, Galette mit Meeresfrüchten, Daube vom Reh mit Feigen auf die Art der Fenouillè mit Kartoffelgratin, zum Abschluss ein Mohnparfait mit Armagnac-Pflaumen. Auf der Alternativtour begegnen wir rosa gebratenem Lammfilet auf Preißelbeerpaprika, Steinbeißerfilet auf Safransauce mit Spinat sowie Apfelstrudel mit Zimtparfait. Beide Reisen sättigen auf angenehmste Weise und haben ein Ziel, nämlich wie in Frankreich üblich, den Käse, ausgewählt und affiniert von Nürnbergs dafür erster Adresse: Feinkost-Langer. Restaurant hin oder her, Rudi Fees ist ein kommunikativer Mensch, also freut er sich ausdrücklich auch auf besonders zielgerichtete Reisende, die, ohne vorher seine hohe Kochkunst zu genießen, den Abend gediegen mit Wein und Käse ausklingen lassen wollen (20 € für zwei Personen).

PALAIS SCHAUMBURG
Die Kneipe

www.palaisschaumburg.de

Kernstraße 46
90429 Nürnberg
0911/260043

Walter Port & Inge Korn

Sitzplätze:
innen 100,
im Garten 140

Öffnungszeiten:
So - Fr 11:30 - 01:00
Sa 14:00 - 01:00
kein Ruhetag

Besonderheiten:
alle 6-8 Wochen Kunstausstellungen regionaler Künstler

Reservierung:
möglich

 viele vegetarische Gerichte, am Wochenende Braten & Schäufele, mittags Mo-Fr: Essen mit Kaffee und allem Drum und Dran innerhalb 45 Minuten möglich, wechselndes Tagesangebot zu 4,90 € bzw. 5,50 €

 4 Sorten Spalter, sowie wechselnde fränkische Landbiere zweier Brauereien, Jever, Gutmann

 Bio-Wein aus Franken von Frieder Burrlein, Deutschland, Frankreich, Italien, Spanien, von namhaften Lieferanten, aus Österreich direkt vom Winzer

 Moka Rica von Il Nuraghe

 Grundsortiment vorhanden; spielt keine tragende Rolle

 nur im Garten möglich

 Kinderportionen und kinderspezifische Wünsche kein Problem

 Zahlung nur mit Bargeld möglich

 ganz besonders die Mittagsangebote lohnen sich

  Fürther Straße 75 360 m

 für Fahrräder ist immer Platz

 U1, Bus 34 Gostenhof 550 m

WER MIT DER ZEIT GEHT ...

... läuft weniger Gefahr, mit der Zeit wirklich gehen zu müssen. Viele Szenekneipendinosaurier sind schon ausgestorben, das „Palais" erfreut sich immer noch bester Gesundheit und steht in höchster Blüte.

Im urigen Biergarten unter alten Bäumen sitzt man neuerdings auch mit Servicebetreuung, innen wurde in frischen Farbtönen renoviert. Das Essen wird, so haben wir den Eindruck, von Jahr zu Jahr besser, pfiffiger und damit interessanter. Grüne Bohnen-Erbsencremesuppe (3,20 €), kleiner Feldsalat mit Pinienkernen (2 €), angenehm würzige Austernpilze in Zitronen-Basilikumsoße auf Tagliatelle (7,30 €), zartes Spanferkel mit frischem Kloß und Salat (9 €), feiner Rosenkohl in Parmesansoße mit Kartoffelplätzchen (7,10 €), alles, bis auf die letztere etwas ausdruckslose Beilage, ausgesprochen fein. Das Publikum kommt aus ganz Nürnberg/Fürth und goutiert die lockere Atmosphäre, die auch dann nicht in Hektik umkippt, wenn mittags das dem Zeitgeist geschuldete ehrgeizige Ziel verfolgt wird, Berufstätige in kürzester Zeit maximal zu versorgen.

PALMENGARTEN
Gasthaus

Untere Kanalstraße 4
90429 Nürnberg
0911/3777490

Rolf Meyer

Sitzplätze:
innen 75,
außen 50

Öffnungszeiten:
So - Mi 17:00 - 24:00
Do - Sa 17:00 - 01:00

Reservierung:
möglich

 fränkische Hausmannskost und mittwochs bis freitags Mediterranes

 Landwehr, Lindenbräu Gräfenberg, Meister, Weißenoher, Sauer, Gunzendorf sowie ständig wechselnde Landbiere

 Fränkische Schnäpse von Familie Singer in Mittelehrenbach

 spielt eher eine untergeordnete Rolle, wechselnde Sorten

 kleine preiswerte Auswahl europäischer Weine

 draußen im beheizten Raucherreck

 sind sehr selten dabei

 Zahlung nur mit Bargeld möglich

  Fürther Straße 75 290 m

 U1, Bus 34 Gostenhof 340 m

 macht auch dem Geldbeutel Spaß

 schwierig...

Fränkische und mediterrane Speisen ...

... anzubieten, ist ein gewagter Spagat, der auf den ersten Blick ein merkwürdiges „viel hilft viel-Konzept" vermuten lässt, jedoch bei näherem Hinsehen durchaus seine Berechtigung hat, die nicht nur einem guten Betriebsklima geschuldet ist.

Es sind zu einem sehr hohen Prozentsatz Stammgäste, die hier verkehren, und da ist es sicher ein guter Schachzug, für Abwechslung auf dem Speiseplan zu sorgen. Die verschiedenen Biere (0,5l für 2,80 €) sind jedenfalls nach wie vor nicht mediterran, sondern zeugen von bewährter vielfältiger fränkischer Braukunst, Einrichtung und Ambiente, Kategorie gemütlich-rustikal, sind seit Jahren kaum verändert. Bei den Speisen entscheiden wir uns, der Sache angemessen, für gemischte Ernährung und bestellen eine richtig leckere Pfannkuchensuppe (3 €), eher durchschnittlichen gebackenen Camembert mit Salat (5,80 €), sehr feinen Wildschweinschinken auf Salat von der Tageskarte (6,80 €), absolut fränkisches und tadelloses Schweineschnitzel (7,50 €) sowie einen famosen dann wieder eher italienisch anmutenden Rinderschmorbraten (11,80 €).

SALON REGINA
cafe - bar - Inbiss

www.salonregina.de

Fürther Straße 64
90429 Nürnberg
0911/9291799

Heike Stahl

Sitzplätze:
innen 45,
außen 35

Öffnungszeiten:
täglich 10:00 - 01:00
kein Ruhetag

Besonderheiten:
fünf verschiedene Colasorten

Reservierung:
für innen und außen möglich

 Bellissimo

 frech-individuell-kreative Hausmannskost, Bio-Currywurst

 Schanzenbräu Hell und Rot, Meister, Tannenzäpfla, ständig wechselne fränkische Landbiere

 Brände von Wüst aus Hetzles

 Fischer aus Wiesendtheid, Italiener, Apfel-Holunder-Sekt aus Hilpoltstein, Prosecco

 nur draußen

 extra Frühstück für Kinder mit Ahoj-Brause

 Zahlung nur mit Bargeld möglich

 alles sehr erfreulich

 *Fürther Straße 75
85 m*

 U1, Bus 34 Gostenhof West 75 m

 in der Nähe kein Thema

Zurück in die 50-er ...

... fehlen nur noch ein paar Vespa-Roller vor der Türe und die Zeitreise wäre perfekt. Stilvolles, bis in das kleinste Detail passendes Ambiente aus dieser aufregenden Epoche, lässt sich im ehemaligen „Oma-Cafe" bewundern.

Selbst die Möblierung im Außenbereich ist stimmig. Ein Meisterwerk des Retrodesigns und deshalb allein den Besuch wert ist die liebevoll gestaltete Speisen- und Getränkekarte. Von ihr sind wir auch inhaltlich voll überzeugt, als wir feststellen, dass hier auch so essentielle Dinge wie Pflaster, Sonnencreme, Haarspray, Tampons und Streichhölzer ausdrücklich zu haben sind. Die gute Laune wird durch verschiedene kleine Speisen wie eine gute Bio-Currywurst mit Salat (5,30 €), sehr leckere Tramezzini und etwas ausgefallenere Dinge, wie Fladenbrotstreifen mit grünen Oliven oder rotem selbst gemachten Tomatenpesto (alles um die 3 €) noch gesteigert. Ein Anliegen ist es Inhaberin Heike Stahl, kleine, qualitätsbewusste Erzeuger zu unterstützen. So ist das „Regina" die älteste Ausschankstelle der noch jungen Schanzenbräu.

SCHANZENBRÄU

Schankwirtschaft

www.schanzenbraeu.de

Adam-Klein-Straße 27
90429 Nürnberg
0911/93776790

Stefan Stretz & Sebastian Köhler

Sitzplätze:
innen 60,
Biergarten 100

Öffnungszeiten:
Mo - Sa 17:00 - 01:00
So 11:00 - 01:00
kein Ruhetag

Besonderheiten:
sonntags Weißwurst-
frühstück,
sporadisch eher außer-
gewöhnlichere Kultur-
events

Reservierung:
möglich und je nach
Wetterlage erforderlich

 selbstgebrautes Helles, Schwarzes, Rotes, Saisonbiere, Geuze und Kriek aus Belgien, wechselnde Besonderheiten

 wechselnde Gerichte, frische, fränkische Hausmannskost, Brotzeiten; Sonntag Braten & Schäufele

 Weingut Scheller, Sommerhausen

 Fischer, Wiesendheidt Haag Creglingen

 Barista, Beckschlagergasse Nbg.

 nur im Garten

 Aktivspielplatz im Garten, keine Pommes, Kinderportionen aus dem gängigem Angebot möglich

 Zahlung nur mit Bargeld möglich

 wie es sich für eine Brauerei gehört

 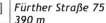 Fürther Straße 75
390 m

 in eine Brauerei sollte man nicht mit dem Auto fahren

 U1 Bärenschanze 340 m

Wer gutes Bier braut ...

... der will auch mal eins einschenken, und deshalb war die Eröffnung der Schankwirtschaft eine konsequente Weiterentwicklung der Erfolgsgeschichte der 2004 bis 2007 gegründeten Brauerei. Berechtigterweise wird einmal im Jahr ganz groß gefeiert und es wird an dieser Stelle ausdrücklich davon abgeraten, am Tag danach hier einkehren zu wollen.

An allen anderen Tagen sind vor allen Dingen die Brotzeitplatten eine schmackhafte und sinnvolle Ergänzung zum Kernprodukt, dem vortrefflichen Bier, das in seinen verschiedenen Ausprägungen für nahezu jeden Geschmack etwas zu bieten hat. Was das Ambiente betrifft, so überraschen die Wände durch ihre klar und einfach strukturierte, eher naturbelassene Beschaffenheit. Wer also ein ehrliches, fränkisches Outfit der modernen, stromlinienförmigen Einrichtungswelt vorzieht, der wird sich hier besonders wohl fühlen. Die meisten anderen sind allerdings ebenfalls nicht abgeneigt, sonst wären nicht alle hier. Auch wir amüsieren uns prächtig mit dem überaus gemischten Publikum in der oft vollen „Schanze". Auf die geplante Veranstaltungsreihe „vergessene Gerichte" wollen wir unbedingt noch hinweisen. Für diese tolle Mitmachaktion werden noch Rezepte gesucht.

TIBET

Restaurant-Cafe
indian flavour

www.cafe-tibet.de

tibet restaurant-cafe
indian flavour

Johannisstraße 28
90419 Nürnberg
0911/3000754

Silvia Coric & Kleanthia Tsourousi

Sitzplätze:
innen 75,
außen 75

Öffnungszeiten:
täglich 17:00 - 01:00
kein Ruhetag

Reservierung:
erwünscht, am Wochenende empfohlen

 indische Küche, viele vegetarische Gerichte, Naan-Brote in verschiedenen Geschmacksrichtungen

 Bioweine, überwiegend aus Spanien

 Lassi (alkoholfreier Joghurtdrink), viele offene Tees, kleine handelsübliche Auswahl an Aperitifs und Digestifs

 Tucher, Zirndorfer

 Lavazza

 im teilweise überdachten Garten

 Malbücher, Küche reagiert flexibel, was aufgrund der indischen Gewürze oft Freude auslöst

 ökologisch

 Zahlung nur mit Bargeld möglich

 Johannisstraße 60
500 m

 Tram 6 Hallerstraße 190 m

 schwierig, die meisten kommen eh mit dem Fahrrad

Ruhe und Gemütlichkeit ...

... sind die Attribute, die uns sofort beim Betreten des „Tibet" ein- bzw. auffallen. Diese Atmosphäre wird durch das warme Kerzenlicht und die in Gewürztönen gehaltenen Wände unterstrichen und der Name des Lokals passt ja irgendwie auch dazu. Die Türrahmen wurden in orientalischem Stil aus dunklem Holz nachgebaut.

Gekocht wird allerdings indisch mit, wie wir feststellen, für unsere Breitengrade abgemilderter Schärfe. Die Bedienung hegt leise Zweifel, ob Vor- und Nachspeise zu schaffen sind, aber sie kennt uns ja nicht. Der sehr ansprechenden Optik der Speisen folgt die Harmonie am Gaumen. Frisches Gemüse im Kichererbsen-Teigmantel gebacken, mit Dip und Mango-Chutney und Salat, marinierte Garnelen auf buntem Blattsalat und Garnelen mit frischem Gemüse in Kokos-Currysoße (alle 12,80 €). Dazu gibt es Wein aus Spanien, Xarello Classic (5 €) und Temperanillo (3,80 €), zum Abschluss einen Espresso (1,90 €). Das Lokal ist für Vegetarier sehr gut geeignet. Der Garten im Hinterhof ist ein lauschiger Geheimtipp, sehr empfehlenswert.

TROCADERO
Cafe · Bar · Dart

Äußere Großweidenmühlstraße 14
90419 Nürnberg
0911/3747556

Larissa Golub & Wolfgang Saigge

Sitzplätze:
innen 60,
außen 22

Öffnungszeiten:
Mo - Sa ab 19:00
So ab 20:00
kein Ruhetag

Besonderheiten:
etwa einmal monatlich
Konzerte;
Steel-Dart-Scheiben,
keine Automaten

Reservierung:
möglich, auch für
geschlossene
Gesellschaften

 Izzo

 handgemachte Cocktail-Klassiker ohne Konzentrate, Brände von Arno Dirker u.a.

 aus Europa

 Spalter, Gutmann, Weissenoher, Becks, Jacob-Weizen aus Bodenwöhr

 selbstgebackener Kuchen, Käse/Schinken-Teller

 nur draußen unter der Markise

 Kinder sind eher seltene Gäste

 Zahlung nur mit Bargeld möglich

 Freundschaftspreise

 Johannisstraße 60
450 m

 schwierig

 Bus 34 Großweidenmühlstraße
360 m

Ort der Begegnung ...

... so heißt der Name dieser Bar aus dem Französischen frei übersetzt und dieser Name trifft den Nagel auf den Kopf. Es ist eine Begegnungsstätte der unterschiedlichsten, interessanten Menschen, die hier so sein dürfen, wie sie sind.

Das war schon in den 80-er Jahren so, bis das Gebäude verkauft werden musste und der Laden ein Jahr leer stand. Die Stammgäste Larissa und Wolfgang wollten dies nicht mehr mit ansehen und taten das Naheliegende – sie kauften das Trocadero und möbelten es wieder auf, ohne den Stil zu verändern. Über dem Durchgang zum Dartzimmer, in dem noch mit echten Steel-Darts gespielt wird, hängt wieder die Clubfahne der legendären Freizeitkicker von „Flamengo Rosenau". Was das kulinarische Angebot betrifft, so steckt hier auch deutlich mehr drin, als man von außen sieht. Ein gutes niederbayerisches Weißbier und Brände von Arno Dirker bekommt man nicht an jeder Ecke, und wer einmal das Glück hat, den Schoko-Maronen-Nuss-Kuchen von Larissa, der charmanten Seele des Betriebs, zu kosten, der kommt sowieso wieder.

WILLICH
Cafe-Bar & Oriental Lounge

www.das-willich.de
info@das-willich.de

Volprechtstraße 3
90429 Nürnberg
0911/2879005

Inhaberin Wilma Harrer
Geschäftsführer Stefan Harrer

Sitzplätze:
innen 70,
im Innenhof 50

Öffnungszeiten:
Mo - Do 18:00 - 02:00
Fr & Sa 18:00 - 03:00
So Ruhetag

Besonderheiten:
am Wochenende Bar-DJs

Reservierung:
erwünscht,
Fr & Sa empfohlen

 Classic, Fancy, Vintage, Longdrinks und Specials auf Anfrage

 wechselnde Wochenkarte, Euro-asiatischer Crossover und Fingerfood

 zehn offene Rote und sieben Weiße, sehr gute Auswahl an Bioweinen aus Südafrika, Franken, Italien, Spanien, Frankreich

 Zirndorfer, Kloster Scheyern, Jever, Kölsch vom Fass

 Moak, Polo, sporadisch Rebeldia

 ab 23:00 darf geraucht werden

 nicht für Kinder geeignet

 Zahlung nur mit Bargeld möglich

 bassd scho

 Fürther Straße 75 280 m

  U1 Bus 34 Gostenhof 400 m

 am besten in der Nähe Jamnitzer-Park, mit viel Glück vor der Tür

WAS SEID IHR FÜR VÖGEL?

Hier kann der „early bird" von 18 bis 20 Uhr, aber auch der „late bird" von 23-24 Uhr den günstigen Cocktail für 4,90 € fangen, mit oder ohne Wurm.

Das Willich ist eines der ganz wenigen Lokale, die vieles, ja fast alles sind, was es in der Gastronomie so gibt, ohne verkrampft zu wirken: einfaches Restaurant, ehrliche Bierbar, chillige Cocktail-Lounge und Café mit Beduinenzelt-Interieur. Klingt unglaublich, ist aber so. Der kommunikative „Obervogel" Stefan ist ein Tausendsassa und hat neben seinem Händchen, das alles einrichtungstechnisch unter einen Hut zu bringen, einen guten Weingeschmack; also könnte man durchaus noch die Bezeichnung „Weinstube" gelten lassen. Zu den klar definierbaren, schmackhaften Speisen – hausgemachte Frühlingsrollen (6 €) und gebratene scharfe Garnelen (7,80 €) – kommt der empfohlene weiße Sizilianer (3,60 €) gerade recht. Wer am Wochenende sagt: „Ok, essen *willich* in Ruhe", der sollte sich vorher erkundigen, ob an diesem Abend ein Master-DJ auflegt. Kann nämlich sein, dass die Ruhe dann eher relativ ist.

Zum Bühler
Restaurant-Bar-Kneipe

www.zum-buehler.de

Seeleinsbühlstraße 9
90431 Nürnberg
0911/3262220

Norbert Renner

Sitzplätze:
innen 100,
außen 80

Öffnungszeiten:
Mo - Sa ab 17:00
So 12:00 - 01:00
bei Clubspielen
1 Stunde vor Spielbeginn
kein Ruhetag

Besonderheiten:
Fußball live,
Club hat Priorität,
2 Billard, 1 Kicker

Reservierung:
für größere Gruppen
erwünscht

 Weißenoher, Kapuziner Weizen vom Fass; Barnikel, Wiethaler, Gutmann

 Schäufele, Schweinebraten, Tageskarte mit Crossover-Küche, immer auch vegetarische Gerichte

 Deutscher Bio-Silvaner, spanische und italienische Weine

 Kaffee Braun aus Mainaschaff

 kleine Cocktailauswahl, handelsübliche Spirituosen sowie Brände von Barnikel aus Herrnsdorf, Fränkischer Hochmoorgeist von Betke aus Niederhofen

 abgetrennter bewirtschafteter Raucherraum vorhanden

 fast alle Gerichte auch als kleine Portionen; Kinderkarte

 Zahlung nur mit Bargeld möglich

 *Maximilianstraße 41
240 m*

 U1 Bus 35, 38, 39 Maximilianstraße 300 m

 viele attraktive Angebote, z.B. Familienschäufele mit Kloßflatrate für 19,80 €

 insgesamt schwierig, abends in der parallelen Haasstraße etwas entspannter

Ein ewiger Renner ...

...ist der „Bühler" im Niemandsland am Rande von Gostenhof. Im Sommer bietet ein kleiner schön zugewachsener Hinterhofgarten Platz für ein kühles Bier aus einer schönen Auswahl. Drinnen geht es urig zu, blanke Tische, viel Holz, alles großzügig bestuhlt, weshalb auch gerne größere Gruppen kommen. Es ist Platz für Brettspiele und auch für große Teller.

Die unspektakuläre, ehrliche Küche wird hier gepflegt, heute gibt es Röstklöße mit Zwiebeln, Schinken, Ei und Salat für 4,90 €, Schweinelendchen mit Spätzle (7,80 €), alles schmeckt wie es soll und ist reichlich. Es gibt viel zu sehen: In der Kopfleiste der Theke sind lustig gemalte Gestalten integriert. Über der Schwelle zum Billard- und Kickerraum prangt ein großes Gemälde, das ziemlich frei eine sehr bekannte Abendmahlszene, nur mit dem ewigen Wirt Norbert Renner und alten Stammgästen darstellt. Zur lockeren Stimmung im Lokal, das hauptsächlich von Leuten mittleren Alters aufgesucht wird, trägt der passende Hintergrund mit Rock-Klassikern in angenehmer Lautstärke wesentlich bei.

BABYLON

BABYLON
Programmkino & Cafe

www.babylon-kino-fuerth.de

Nürnberger Straße 3
90762 Fürth
0911/7330966

Christian Ilg & Marcus Bahr

Sitzplätze:
Cafe 45,
"Rodelbahn" 65

Öffnungszeiten:
Mo - Fr 16:00 - 02:00
Sa 14:00 - 03:00
So 11:00 - 02:00, im Winter ab 10:00
warme Küche Mo - Sa ab 17:30
So ab 11:00

Besonderheiten:
Programmkino,
Clubkeller „Raum4" mit regelmäßigen Veranstaltungen (Jazz, Songwriter)

Reservierung:
möglich, im Winter zum Brunch empfohlen

 Meister, Friedmann Gräfenberg, Spalter Pils, Schanzenbräu Rot, Reichold Hochstahl, Schroll Nankendorf, Krug Breitenlesau

 asiatisch-italienisch-fränkisch, viel Vegetarisches, aber auch Deftiges

 Da Francescos Hausmarke

 vom Weinkontor, aus Franken, Italien, Spanien

 fränkische Brände, z.B. von Weisel Oberlindelbach, Haas Pretzfeld, Whiskeys

 nur im Freien, im Winter Decken vorhanden

 Sonntagsbrunch mit Kinderspielecke, Kinderfilme im Kino parallel zum Brunch, kleine Portionen möglich, kinderspezifische Gerichte auf Wunsch

 das niedrige Preisniveau ist aufgrund der Verdienste um die Kinokultur umso erstaunlicher

 abends an der Freiheit kostenlos

 Zahlung nur mit Bargeld möglich

  Königstraße 112 470 m

 U1, Bahnhof 500 m Bus 173, 174, 177, 178, 179, Fürther Freiheit 230 m

Babylonisches Sprachengewirr ...

... ist hier seit knapp zwei Jahren eine Selbstverständlichkeit. Es ist sicher kein Zufall, dass das Café mit dem Crossover-Konzept an jedem unserer Testabende knallvoll war und wir Mühe hatten, Plätze zu finden. Dementsprechend eng geht es zu, aber das fördert ja die Kommunikation und die Beweglichkeit.

    Wer der Enge entfliehen möchte, der kann ja, zumindest wenn Schnee liegt, seinen Schlitten mitbringen, es dem Babylon-Maskottchen gleichtun und mit einem guten Seidla in der Hand sich auf der Rodelbahn betätigen. Die guten Käse-Tortellini mit Salbei & Butter (5,80€) können die ganz geschickten ja in die andere Hand nehmen. Sportlich inspiriert war vielleicht auch die Wahl des guten Bieres der Brauerei Reichold in Hochstahl, schließlich ist ein Sohn des Hauses eine Torwartlegende beim Kleeblatt. Die Inhaber Christian und Marcus sind Idealisten, sie leisten mit dem Erhalt des Kinos einen wichtigen Teil Kulturarbeit und kalkulieren dennoch knapp. Einen fränkischen Roten gibt es bereits für 3,10 €, kein Wein kostet mehr als 4,30 €. Soviel Altruismus hat Zuspruch verdient, da freut man sich mit, wenn es voll ist.

BISTRO GALERIE
Spaghetteria / Tapateria

www.bistrogalerie-fuerth.de

Gustavstraße 14
90762 Fürth
0911/776166

Sabine & Michael Niedermeier

Sitzplätze:
innen 70,
außen 30

Öffnungszeiten:
Mo - So 19:00 - 01:00
Mo & Mi auch 11:30 - 14:30
kein Ruhetag

Besonderheiten:
in unregelmäßigen Abständen Lesungen, traditionell zur Adventszeit mit lokalen Größen, organisiert von Ewald Ahrend; Ausstellungen überwiegend bildnerischer Kunst; ab und zu auch Konzerte

Reservierung:
empfohlen, bis 20:00 möglich

 Tapas, auch vegetarisch große Auswahl, Nudelgerichte mit hausgemachten Saucen, Suppen, Salate, berühmter Schokokuchen

 aus Frankreich, Italien, Deutschland und Österreich vom Weinkontor Schägger

 Dreykorn Lauf, Rittmayer Hallerndorf

 San Polo aus Sacile

 hochwertige kleine Auswahl an Cocktails und Spirituosen, alkoholfreie Cocktails, viele Säfte, Afri, Bluna

 nur im Freien möglich

 sind eher seltene Gäste

 Zahlung nur mit Bargeld möglich

 Königstraße 42 oder Königstraße 112 je 370 m

 U1, Bus 125, 126, 173, 174, 175, 177, 178, 179 Rathaus 170 m

 sozial

 im Sozialrathaus, um die Ecke ab 19:00 freie Plätze

Innovative Beweglichkeit ...

... ist es, dies als Inhaber völlig normal zu finden, Tapas und Spaghetti anzubieten. Die Koexistenz spanischer Kleinigkeiten und gleichzeitig einfacher italienischer Küche ist uns jedenfalls so noch nicht untergekommen, zumal beides mit sehr guter Qualität gelingt.

   Die Spinatrollentapas (3 €) sind ebenso vorzüglich wie die Spaghetti aglio e olio, angerichtet mit frisch gehobeltem Parmesan (5,50 €), dazu ein spritziger vino verde aus Portugal zu 3,50 €. Das Lokal ist zu Recht das Lieblingsbistro vieler Fürther, von denen einige bedauern, dass es den Mittagstisch nur an zwei Tagen in der Woche gibt. Ein weiteres cleveres Alleinstellungsmerkmal ist das Angebot, ein kleines Tagesgericht (4,50 €) und ein großes (6,75 €) anzubieten. Sie haben richtig gelesen: 5 ct sind hier noch was wert: Sprizz zu 2,75 €, der Aperitif des Hauses „Fürther Esprit" mit Waldmeister zu 3,25 €, kleiner Salat 3,75 €, ein Glas Rosé kostet 3,25 €. Zwei Gerichte hintereinander essen zu wollen, ist allerdings etwas schwierig, weil Küche und Bedienungen besonders flink sind. Hintereinander bestellen schafft Abhilfe. Programmatisch versteht man sich übrigens auch als Theater- Literatur- und Künstlerkneipe, wozu der Pariser Gründerzeitchic den mondänen Anstrich verleiht.

BLAUER AFFE

www.blaueraffe-fuerth.de

Flößaustraße 9
90763 Fürth
0911/711038

Angie Ritter & Claus-Dieter Löw

Sitzplätze:
innen 70,
außen 80

Öffnungszeiten:
Mo - So 17:00 - 01:00
Küche 17:30 - 23:00, So bis 22:00
kein Ruhetag

Besonderheiten:
gut gepflegtes 50 Jahre altes „Affenkicker", im Herbst jährliches Kickerturnier

Reservierung:
möglich

 berühmte Schnitzel; insgesamt wenige Standards, So Bratenküche, spätestens wöchentlich wechselnde internationale saisonale Küche, frische Zutaten ohne Zusatzstoffe

 Zirndorfer Kellerbier & Weizen Urfränkisch-Dunkel, Jever

 Italien, Spanien, Franken von Weingut Heim aus Obereisenheim

 Fränkische Obstbrände von Heim aus Obereisenheim, Longdrinks, handelsübliche Auswahl an Digestifs

 Lavazza

 nur im Garten, im Winter am überdachten Tischchen

 Spielecke mit Sandkasten, kleiner Rutsche, Bobbycar, Spielen und Malbüchern; beim Essen gibt es von allem auch kleine Portionen

 Zahlung nur mit Bargeld möglich

 hier zu meckern wäre affig

 Schwabacher Straße 142
480 m

 ums Haus oder ums Eck ist meistens was frei

 Bus 67, 173, 178, 174 Kaiserstraße 200 m

Affengeile Schnitzel ...

... und ein ebensolches Kicker sind die Markenzeichen dieser sechzigjährigen Kneipeninstitution.

Die Speisenangebote lesen sich zunächst recht austauschbar, Salat mit Hühnerbruststreifen (7,90 €), gebackener Camembert (5,70 €), vegetarisch gefüllte Paprika mit Reis (7 €), mit Hackfleisch (8 €), überzeugen jedoch vor allem wegen des offenbar hausgemachten sehr guten Salatdressings. Die Krönung sind jedoch schon erwähnte, lecker gewürzte, saftige und doch nicht zu fette Schnitzel (8 €), die übrigens gleich paarweise serviert werden, damit Körper und Seele nach dem Essen auch wirklich baumeln können. Das Lokal liegt etwas ab vom Schuss und auch etwas ab vom Mainstream, was es auf seine Art besonders charmant macht. Das Ambiente ist sehr urig, viel Holz und Blümchentapete. Das Publikum, das zur Gründungszeit bereits im mittleren Alter war, sitzt teilweise immer noch gerne im idyllischen Hinterhofgarten, allerdings nicht alleine, denn wir sehen hier auch ganz junge Leute, die sich zum Kickern treffen (Spiel 20 ct). Am Schluss wird nicht etwa bei der Bedienung bezahlt, sondern an der Kasse am Tresen, der sogenannten „Zahlstelle" – sehr praktisch eigentlich.

Irish Cottage Pub

www.irish-cottage-pub.com
info@irish-cottage-pub.com

Waagstraße 1
90762 Fürth
0911/9764102

John Farley

Sitzplätze:
innen 120,
außen 30

Öffnungszeiten:
täglich ab 17:00
kein Ruhetag

Besonderheiten:
jeden Di Irish-Session,
jeden 1. Mi im Monat Pub-Quiz,
jeden 3. Sa im Monat Whiskey-Tasting
John Farley betreibt außerdem den „Irish Castle Pub" in Nürnberg

Reservierung:
möglich, Fr & Sa empfohlen

 Killkenny, Guinness, Wolfshöher, Krug, Gutmann

 Riesenauswahl von über 100 Whiskys

 Chili, Irish Stew, Toasties, Fladen, Tortilla, Suppen, Knabberzeug

 Gioia aus Campagna

 Chardonnay, Bardolino, Frankenwein

 die Regelung richtet sich nach der jeweils aktuellen Gesetzeslage

 ab 18

 Zahlung nur mit Bargeld möglich

 Königstraße 42
240 m

 U1, Bus 124, 125, 126, 173, 174, 175, 177, 178, 179 Rathaus
190 m

 „We are a pup for working people"

 ums Haus rum schwierig, zur Not beim MTV in der Kapellenstraße und ein paar hundert Meter laufen

Ein Australier stellt die Welt auf den Kopf ...

... zumindest preislich. Die Auswahl guter bis sehr guter schottischer und irischer Whisk(e)ys ist beeindruckend, die Kosten einer solchen Lagerung sicherlich auch, die Endpreise jedoch liegen halb so hoch wie in anderen Häusern.

    Fachkundige Beratung gibt es kostenlos dazu. Die Gäste danken es dem Inhaber John Farley und so dreht sich die Ware nicht gerade langsam. Der halbe Liter Wolfshöher geht für 2,40 €, ein „Orgasmus" sogar für 1,80 € locker über den Tresen. Das gewählte Speisenangebot mit Chili con Carne (3,50 €), Salami-Käse-Toast (3 €) haut uns jetzt nicht so vom Hocker, die von großem Understatement zeugende Frage durch den Service, ob man es denn essen konnte, können wir dennoch guten Gewissens bejahen. Der eigentliche Hit unter den Snacks ist, wie wir beim nächsten Mal erfahren, der Fladen in seinen verschiedenen Variationen. Der einfachste ist einer mit Knoblauch (2,50 €), schmeckt und macht einsam, aber sehr satt. Das Besondere an diesem Pub ist der selbstverständliche Umgang mit dem Besonderen. Wo gibt es heute sonst schon noch regelmäßig zwanglose, musikalische Sessions ohne Eintrittskassen?

KAFFEEBOHNE
Kneipe

www.kaffeebohne-fuerth.de

Gustavstraße 40
90762 Fürth
0911/774604

Jens Graeser

Sitzplätze:
innen 25 + 25 + 25 + 25,
Terrasse 75,
Garten 25

Öffnungszeiten:
Mo - So 08:30 - 01:00
kein Ruhetag
Frühstück ab 09:00

Reservierung:
nur telefonisch bis 40 Personen
für Galerie und Garten,
auf der Terrasse nicht möglich

 Kitzmann, Rittmayer Hallerndorf, Aufsesser, Gutmann Titting, Augustiner, Jever, Riedenburger, Maisel Bayreuth, Beck's, Ammerndorfer

 Baguettes, Salate, sonntags Frühstück(sbuffet), Schnitzel, Suppen

 Fortezza aus Cadolzburg

 Franken Weingut Meintzinger aus Frickenhausen, Italiener von Wein-Wolf

 Brände von Betke aus dem Altmühltal

 eigenes Rauchergewölbe

 Die Küche reagiert flexibel auf Kinderwünsche

 EC-Bezahlung möglich

 besonders schön, dass halbe Portionen auch nur halbe Preise bedeuten

 Königstraße 42
250 m

 U1, Bus 124, 125, 126, 173, 174, 175, 177, 178, 179 Rathaus 340 m

 Parkuhren für Gäste bis 23 Uhr, ansonsten in der Henry-Dunant-Straße ab 19 Uhr

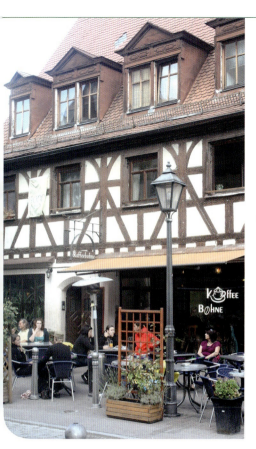

Das Kneipenfossil ...

... in Fürths bester Kneipenlage ist die „Bohne". Sie liegt nicht etwa vergraben unter anderen Röstmischungen, sondern ist immer noch die strahlende Attraktion der bunten Meile Gustavstraße.

Ganze Abiturklassen, Vereine, Chöre, Ortsverbände und Vorstandszirkel gehen hier ein und aus, verlaufen sich über dem knarrenden Holzboden in den verwinkelten Räumen und alle fühlen sich wohl beim Betrachten des antiquarischen Sammelsuriums aus alten Werbeschildern, orientalischen Lampen und fränkischem Bauernschrank im Inneren oder der vorüber flanierenden Menschen auf der vorgelagerten Terrasse. Beim gastronomischen Angebot ragt, ‚Nomen est Omen', zunächst einmal die Qualität der angebotenen Heißgetränke heraus. Sowohl der Kaffee von der Rösterei „um die Ecke" als auch die aus Milch zubereiteten Kakaospezialitäten steigern das individuelle Wohlbefinden ganz erheblich. So wird die weiße Schokolade auch tatsächlich aus weißem Kakao zubereitet. Aber Inhaber Jens Graeser definiert das Lokal dennoch in erster Linie als Kneipe und deshalb ist auch eine wohl durchdachte Bierauswahl logisch. Da jeder Laden seine kulinarischen Stärken und Schwächen hat, rufen wir unverblümt dazu auf, lieber kein Schnitzel, sondern eines der großen, saftig belegten Baguettes zu ordern. Die sind bekanntermaßen lecker.

KARO 11

Karolinenstraße 11
90763 Fürth
0911/7499127

Hermann Deininger

Sitzplätze:
im Restaurant 40,
im Garten 40

Öffnungszeiten:
Di - Sa mittags 11:00 - 14:00,
im Winter 17:00 - 01:00,
im Sommer durchgehend 11:00 - 01:00
So & Mo Ruhetag

Besonderheiten:
Catering in allen Variationen nach Absprache, ab und zu Candle-Light-Dinner

Reservierung:
erwünscht,
Fr & Sa empfohlen

 mediterran, saisonal, Schwerpunkt Pasta, Gefülltes ist hausgemacht, Salate, Antipasti, echtes Wiener Schnitzel vom Kalb

 hauptsächlich aus Italien, saisonale Spezials

 Gutmann, Ritter aus Nenslingen, Krug, Beck's

 zehn verschiedene Grappe, handelsübliche Auswahl an Spitituosen

 Segafredo

 nur im Garten möglich

 kommen eher selten, Kinderportionen machbar

 Zahlung nur mit Bargeld möglich

  Maxstraße 22
320 m

Bus 172, 173, N18 Maxstraße 200 m oder R1, 2, 12, U1, Bus 67, 112, 113, 126, 152, 172, 173, 174, 177, 178, 179 Bahnhof 340 m

 das Preis-Leistungsverhältnis ist bislang noch ein Geheimtipp

 Parkhaus Comödie 200 m

Ein Geheimtipp in versteckter Lage ...

... hinter den Bahngleisen auf der „kurzen Seite" der Karolinenstraße enthält in seinem einprägsamen Namen praktischerweise auch gleich die Adresse.

Dort angekommen, glauben wir zunächst, auf einer privaten Feierlichkeit mindestens mittleren Geldadels gelandet zu sein, denn der Eingangsbereich ist liebevoll und edel geschmückt, hohe Räume mit perfekt erhaltenen Stuckdecken strahlen eine in diesem Teil Fürths nicht vermutete Noblesse aus. Das Angebot signalisiert uns, dass hier selbstbewusste Profis am Werk sind, die den Mut zur Reduktion auf wenige, frisch zubereitete Gerichte haben. Dennoch fällt die Auswahl schwer, weil alle angebotenen Gerichte nicht nur auf dem Papier der Speisekarte sehr gut aussehen, wie wir mit unauffälligem Blick auf die Nachbartische feststellen können. Also nehmen wir die Antipasti „Caro11" als Vorspeise zu zweit (12 €) und Crostini Parmesan (4 €), machen mit den klassischen Vorspeisen schon mal gar nichts verkehrt und erkennen, dass hier auf qualitativ hochwertigen Einkauf geachtet wird. Beim Thema Pasta sind wir eigentlich sehr streng, aber sowohl die Panzerotti Mare (9,50 €) als auch die Tagliatelle mit Filetstreifen und frischen Pilzen (11,50 €) lassen uns sehr zufrieden zurücklehnen. Ein zusätzlicher Sympathiepunkt gebührt den Preisen beim Mineralwasser (0,5l für 2,80 €). Wer einmal herfindet, kommt wieder!

KOFFERFABRIK
(Sub)kulturmanufaktur

www.kofferfabrik.cc
sachma@kofferfabrik.cc

Lange Straße 81
90762 Fürth
0911/706806

Udo Martin

Sitzplätze:
unten Nichtraucher 60,
Raucher 90,
oben Nichtraucher 80,
draußen je nach Bestuhlung

Öffnungszeiten:
Mo - Fr 11:30 - 14:00 &
18:00 - ca 01:00
Sa 18:00 - ca 01:00
So 10:00 - ca 01:00
Biergarten bis 01:00 geöffnet
kein Ruhetag

Besonderheiten:
Sonntagsbrunch 10:00 bis 14:30,
Blueswednesday, viele französische Bands, Klezmer,
4 offene Bühnen: Klassik, Rock & Jazz, Rampenschweinerei,
Poetry Slam

Reservierung:
möglich, beim Brunch empfehlenswert

Spezialität: die variantenreichen, mit Käse überbackenen Fladenbrote; Salate, Currywurst, Rindergulasch, Schafskäse (selbst paniert), Happy Schnitzel jeden Di mit ständig wachsender Auswahl (z.Zt. 15 verschiedene), Lucky Burgers jeden Do, Mittagessen ab 4 €

Weißenoher sowie alle vier Gutmannsorten

Schwerpunkt Italien, 2,90 € - 4,20 €, der Renner ist der Primitivo aus Apulien

Roveresi aus Bologna

Besonderheiten sind die Premium-Cola und die Club-Mate

großer Raucherraum mit voller Bewirtschaftung

vor allem beim Brunch sind viele Kinder dabei, oben ist dann eine Spielecke und das Gelände mutiert zum Abenteuerspielplatz

wie er das macht ist rätselhaft, aber er macht's

am besten in der Dr.-Mack-Straße

 Zahlung nur mit Bargeld möglich

 *Herrnstraße 103
850 m*

 U1, Bus 39, 175 Stadtgrenze 575 m oder Bus 39, 175 Kurgartenstraße 480 m

Wie Gutmütig

... müssen Anlieger sein, sich eine solche Straßenbaustelle drei Jahre lang gefallen zu lassen? Die Zufahrt ist jedenfalls großflächig nur mit geländetauglichem Gefährt möglich und hat den Charme eines Geldübergabeortes aus einem Tatortkrimi, aber dennoch: hier wären wir zu flexibleren Lebenszeiten sofort hergezogen, nur wegen der „Koffer", diesem einzigartigen Kultur-Kleinod, diesem wunderbaren Wohn- Musik- und Spielzimmer mit der tollen Hintergrundmusik.

Als wir uns unbestätigte Gerüchte bestätigen lassen wollten, erfahren wir zu unserer großen Verblüffung, dass es sich nicht um einen städtisch unterhaltenen Betrieb handelt. Also folgern wir, dass Inhaber Udo Martin einer von den Jackpotknackern sein muss, die sich nie zu erkennen geben – und ganz normal weiterleben. Von den vielen gastronomischen Angeboten probieren wir die Schinkennudeln, bei denen man ja auch viel falsch machen kann und finden sie prima. Auch gibt es eine sehr feine Currywurst, die durch die gesunde Schärfe einer ganz offensichtlich hausgemachten Sauce besticht (beides 4,50 €). Wir erfahren - und geben gerne weiter, dass von der laufend erweiterten „Happy-Schnitzel-Karte" (ab 5,90 €) das „John Wayne" mit Country Potatoes und Bacon momentan die Hitliste anführt. Für uns führt Fürth mit der Kofferfabrik die Liste der regelmäßigen Bluesspielstätten an.

Restaurant
Kupferpfanne
Erwin Weidenhiller

KUPFERPFANNE
Restaurant

www.ew-kupferpfanne.de

Königstraße 85
90762 Fürth
0911/771277

Erwin Weidenhiller

Sitzplätze:
50 Plätze

Öffnungszeiten:
Mo - Sa 18:00 - 23:00
mittags 11:30 - 13:30
Küche bis 21:00
So & Fei Ruhetag

Besonderheiten:
seit mittlerweile 32 Jahren
bei Gault Millau 15 Punkte

Reservierung:
erwünscht

 original regionale, gehobene Küche, Mittagsmenue 28 €, Abendmenue 65 €

 aus Deutschland, Österreich, Frankreich, Italien, kein Überseewein

 Lavazza

 Tucher

 Champagner, gehobene kleine Auswahl an Digestifs

 ein Raucherbereich ist überdacht und vom Lokal getrennt

 kindgerechte Gerichte sind kein Problem

 gehoben, aber seriös

 ums Haus ab 18:00 kostenlos ebenso wie im Sozialrathaus der Stadt, zusätzliche Plätze im City-Center

 EC, Visa, Master, amEx

 Königstraße 112
170 m

 U1, Bus 124, 125, 126, 173, 174, 175, 177, 178, 179 Rathaus 50 m

„Schon beim Einkauf entscheidet sich, ...

... wie gut man kocht" ist ein entscheidender Leitsatz von Erwin Weidenhiller. Einen Meisterkoch wie ihn, der seit 32 Jahren auf gleichbleibend hohem Niveau kocht, zitieren wir gerne.

    Prinzipientreu verfolgt Weidenhiller saisonal angesagte Angebote und kann sich, mit der Leidenschaft eines Überzeugungstäters, über die Inkonsequenz anderer wundern. Beim Betreten des Lokals fällt ein in warmes angenehmes Licht getauchtes, schlichtes, aber sehr elegantes Ambiente auf. Man sitzt äußerst gemütlich und wird beim Essen unkompliziert beraten. Nachdem auf der Homepage mit einem „verrückten Weinkeller" geworben wird, hätten wir uns diesbezüglich auf unsere Nachfrage einige Angebote mehr erwartet. Als mündige Gäste erfahren wir immerhin, dass der empfohlene und zu dem vorzüglichen Rinderfilet „rote Italiener" ein Sangiovese (0,2l zu 7,50 €) ist. Die Speisen des Abendmenues zu 65 € waren herausragend gut und erfüllten somit den hohen Anspruch an die Küche. Neben der Hummervorspeise mit Krabben und dem wunderbaren Patissier zum Espresso (3 €) wird uns vor allem eines unvergesslich bleiben: Die schnörkellos ohne Beilagen servierten und perfekt gewürzten Steinpilzscheiben haben einen großen Extra-Applaus verdient.

NEUBAUERS
SCHWARZES KREUZ

Hotel Restaurant

www.schwarzes-kreuz-fuerth.de
info@schwarzes-kreuz-fuerth.de

Königstraße 81
90762 Fürth
0911/740910

Marco Neubauer

Sitzplätze:
Restaurant 50,
Rosenzimmer 40,
Terasse 50,
Saal 120,
Private Dinner Room 10,
Bar-Lobby 30

 Marcos Neue Deutsche Küche, regionaler und saisonaler Einkauf

 weltweit, regional hervorzuheben ist das Weingut Knoll aus Würzburg

Öffnungszeiten:
täglich 07:00 - 24:00
Küche täglich 12:00 - 14:30 &
18:00 - 22:30
kein Ruhetag
Heiligabend geschlossen

 Pommery, Ferrari

 Io - Siebträger

Besonderheiten:
Hotel mit 23 Zimmern,
35 Betten;
Sieger des Gastronomie-Oskar 2009 in Bayern für gehobene Küche;
beste Neueröffnung 2008 (Gastronomiepreis Franken)

 Tucher

 in der Lobby ab 18:00, sonst nur auf der Terasse

Reservierung:
erwünscht

 Spielzimmer im 1. Stock, sehr phantasievolle Kinderkarte

 im Bereich der regionalen Spitzengastronomie zur Zeit noch das preiswerteste Lokal

 EC-cash, AmEx, Visa, Master

 eigener Parkplatz, City-Center und Rathaus-Tiefgaragen in unmittelbarer Nähe

 Königstraße 112
200 m

 U1, Bus 124, 125, 126, 173, 174, 175, 177, 178, 179 Rathaus 100 m

Die „Neue Deutsche Welle" ...

... ist 30 Jahre nach ihren musikalischen Ausprägungen in der Küche angekommen. Das „neue" ist die Kunst der Harmonisierung verschiedener kulinarischer Einflüsse anderer Kulturen mit unserer Küche.

Dies gelingt dem jungen Marco Neubauer der schon einige Erfahrung aus seinen Tätigkeiten in „Pflaums Posthotel" und „Schindlerhof" mitbringt, auf vortreffliche Weise. Dabei arbeitet er mit Bioprodukten und heimischen Lieferanten, wo es nur geht. Und so liest sich ein großes Menue mit einer wirklich ausgefallenen und sehr gelungenen Weinbegleitung für 78 € aus, gegessen auf der malerischen Beletage mit Blick auf den Palazzo: Trüffelmozarella mit gebratenen Steinpilzen, Duett von Thunfisch und Schwertfisch, gebratener Seeteufel auf Arganöl mit Kartoffelpüree und Kapern-Limetten-Sauce, rosa gebratener Hirschrücken mit Marillen, Broccoli und Kartoffelkrapfen, französischer Rohmilchkäse, gratinierte Zwetschgen mit weißem Zimteis. Das Auge isst mit und da fallen die zu jedem Gang stark unterschiedlichen, sehr außergewöhnlichen Tellerdesigns auf. Ein weiteres ungewöhnliches Angebot sind die so genannten „Ranzenspannerportionen" für Leute mit einer Allergie gegen übersichtliche Gourmetteller.

STADTPARKCAFE

www.stadtparkcafe-fürth.de

Engelhardstraße 20
90762 Fürth
0911/7418884

Angelika Schaller

Sitzplätze:
innen 90,
außen 200

Öffnungszeiten:
täglich 09:00 - 24:00
kein Ruhetag

Besonderheiten:
Freilichtbühne im Stadtpark
mit zahlreichen Veranstaltungen

Reservierung:
möglich, für Sonntagsbrunch
gewünscht

 viel Selbstgemachtes, insbesondere der Kuchen, viel Bio, bewusster Einkauf, Sonntagsbrunch zu 15,50 € für Erwachsene, Kinder bis 12 Jahre 7,50 €; 11 verschiedene Eisbecher, Milchshakes

 Lavazza, Hausbrandt-Kaffee

 Kitzmann, Hetzelsdorfer, Pfister Weigelshofen, Neumarkter

 Bio-Frankenwein von Christ aus Nordheim, außerdem Weine aus Spanien und Italien

 z.T. offene Tees in der Schale, kleine Auswahl an Obstbränden aus Franken

 nur im Freien möglich

 viele Kinderstühle, Eis, Pommes, Spielmöglichkeiten ohne Ende im Park

€€€€€ solider Durchschnitt

 mit viel Glück in der Engelhardstraße

 Zahlung nur mit Bargeld möglich

 Königstraße 112
620 m

 Bus 173, 174, 177, 179 Moststraße 400 m

Genial gelegen ...

... ist die ehemalige „Milchgaststätte", 1951 anlässlich der Landesgartenschau von der Bayerischen Milchversorgung erbaut, gut geeignet, „Ferien zu Hause" zu machen oder einfach mal abzuschalten.

Mitten im Fürther Stadtpark steht das zwischenzeitlich arg heruntergekommene und von Frau Schaller in liebevoller Kleinarbeit renovierte Lokal und ist zu einer wahren Entspannungsinsel geworden. Auch die gastronomischen Angebote sind wohl durchdacht, es gibt gute Biobiere und -weine, aus alter Tradition natürlich auch feine Milchgetränke, und im Sommer Eis. Die probierte Gulaschsuppe mit Schwarzbrot (5,20 €) war schön scharf, aber mit übersichtlichem Fleischanteil, der bunte Salatteller (4,50 €) wirklich bunt und von geschmackvollem Inhalt, dazu gab es einen leckeren Müller-Thurgau (4,50 €) und frischgepressten Karottensaft (3,50 €). An manchen Stellen finden wir die Preiskalkulation etwas eigenwillig. So kosten zwei Spiegeleier mit gebratenem Schinken und Toast heftige 5,10 €, was aber durch den hervorragenden Kirsch-Käse-Kuchen zu niedrigen 2,20 € wieder ausgeglichen wird.

STADT VENEDIG

STADT VENEDIG

Obere Fischerstraße 8
90762 Fürth
0911/770795

Afghan Abdul Zahir

Sitzplätze:
45 Plätze

Öffnungszeiten:
täglich ab 18:00 bis
mindestens 01:00
kein Ruhetag

Reservierung:
am Wochenende bis 19:30
möglich, unter der Woche
kein Problem

 Afghanische Küche, zusätzlich Nudeln, Schnitzel, Salate, Pizze, Snacks

 Krug, Freilandmuseum, Wagner aus Kemmern, Hölzlein aus Lohndorf, Kundmüller aus Viereth, Beck aus Trabelsdorf, Wagner aus Merkendorf, Jever, Tucher und öfter mal was Neues

 überwiegend aus Franken und Europa

 handelsübliche kleine Auswahl an Spirituosen

 momentan wechselnde Sorten kleiner Röstereien

 nur im Freien möglich

 Kinderportionen möglich

 Zahlung nur mit Bargeld möglich

  Königstraße 42
350 m

 U1, Bus 124, 125, 126, 173, 174, 175, 177, 178, 179 Rathaus 300 m

 die seltenen Preisanpassungen werden mit ausgewählten Stammgästen abgestimmt

 MTV, TÜV, BRK

Die Stadt Venedig an sich ...

... ist nun nicht gerade für Friedenspreise bekannt, aber Fürth ist nicht Venedig.

Die günstigen Preise verleiten uns erst einmal zur Skepsis. Auf der gemütlichen Eckbank überschauen wir den Gastraum komplett und sehen ein sehr gemischtes Publikum. Wir probieren im Laufe des Abends mit einem Zweigelt 2007, dem Primitivo Jirale 2006 und dem Montepulciano d´Abano 2006 drei Weine, die allesamt 3 € das Glas kosten und die durchaus höheren Ansprüchen genügen würden. Ein dreigängiges Menue gibt es hier für 9,80 €. Wir essen uns jedoch quer durch die Karte und bestellen gebackenen Camembert mit Salat und Knoblauchbrot zu 3,50 €, afghanisches Maitu, also Teigtaschen mit Hackfleischfüllung und Hackfleischsoße zu 6 €, Rindersteak mit Bratkartoffeln und Salat (9,50 €), Panna Cotta mit Vanillejogurt, Granatapfelsoße und Wildbeeren an Pfirsichen (3,50 €). Alles schmeckt uns, wobei die Teigtaschen herausragend sind. Der einzige kleine Wermutstropfen an dem Abend ist, dass der gute fränkische Schlehengeist im Eisfach gekühlt wird, was seinem Aroma sehr schadet. Vom Bier scheint der Chef einige Ahnung zu haben, es werden teilweise sehr ausgefallene Landbiere präsentiert.

WALHALLA

Walhalla

Fränkische und junge saisonale Küche

www.gasthaus-walhalla.de

Obstmarkt 3
90762 Fürth
0911/772266

Familie Rondthaler

Sitzplätze:
innen 45,
Biergärtla 20

Öffnungszeiten:
täglich außer Do 11:30 - 14:30 &
17:30 - 23:00
Do Ruhetag
Mo von April bis August zusätzlicher Ruhetag

Besonderheiten:
eigenes Fischbecken,
Catering auf Anfrage möglich,
Speisen auch zum Mitnehmen,
Heiligabend, Weihnachten
und Neujahr geöffnet

Reservierung:
telefonisch erwünscht

 neue und klassische fränkische Küche vom Schäufele bis zum Gänsebrust-carpaccio

 Franken (Staatlicher Hofkeller Würzburg), Deutschland, Österreich, Italien, Portugal, Südafrika, Australien

 Krug Breitenlesau, Tucher

 Edelobstbrände z.B. von Heß in Rödelsee

 Kaffee aus fairem Handel von Wehner's Rösterei und hochwertige italienische Marken im Wechsel

 nur im Garten

 Spielkiste vorhanden, Küche flexibel

 Zahlung nur mit Bargeld möglich

 dem hohen Küchenanspruch mehr als angemessen

 Königstraße 42
270 m

 U1, Bus 124, 125, 126, 173, 174, 175, 177, 178, 179 Rathaus 60 m

 Parkhäuser Stadthalle und Löwenplatz wenige Fußminuten entfernt; hinter dem Rathaus mit Parkschein

Eine typisch fränkische Wirtschaft ...

... mit rustikal-bravem Biedermeierambiente, so ein Lokal, in dem Schwiegermütter gerne runde Geburtstage feiern, soviel aus der Phrasendreschmaschine, bevor wir lange drum rum reden.

Rückständig ist man in der Küche jedoch keineswegs, es gibt eine sehr lustige und schmackhafte Idee, die den europäischen Einheitsgedanken zeitgemäß aufgreift: Der „fränkische Tapasteller" zu 7,90 € mit Leberkäsestreifen in Brezelpanade, kleinem Flammkuchen, Mini-Roggenbrot mit Sauerkraut und Kasslerfleisch, kleinem Kartoffelplätzchen mit Rindfleisch in Meerrettich und diversen Frühlingssalaten. Fränkisch-italophil angehaucht sind dann die ordentlichen Nudeln mit Ricotta, Spinat, Speck und Zwiebeln (7,90 €), der Klassiker, eine fränkische Festtagssuppe, leider versalzen. Die Fischsuppe mit Fischfiletstreifen und Gemüse-Julienne zu 4,40 € erfüllt den gehobenen Anspruch der Küche ebenso wie das Spanferkelschäuferle mit Klos und Soß und Wirsinggemüse zu 12,90 €. Den viel gerühmten Pfannenkarpfen (9,80 €) haben wir schon besser erlebt, heute schmeckt er eher durchschnittlich.

WERNERS RESTAURANT

www.werners-hotel.de
info@werners-hotel.de

Friedrichstraße 22
90762 Fürth
0911/740560

Ilva Reinwald

Sitzplätze:
innen 64,
im Garten 54,
an der Straße 28

Öffnungszeiten:
Mo - Sa 07:00 - 24:00
So & Fei Ruhetag

Besonderheiten:
Die Inhaber betreiben im gleichen Haus ein Individualhotel sowie nebenan das Tapaslokal „La Tasca"

Reservierung:
erwünscht

Saisonküche, regionale, fantasievolle hochwertige Küche mit heimischen Produkten, viel Fisch; gefüllte Pasta hausgemacht

Bickel-Stumpf aus Frickenhausen, ansonsten überwiegend aus Europa, vor allem Italien, Spanien und Deutschland

große Auswahl fränkischer Brände, Whiske(y)s und Grappe

Krug aus Breitenlesau, Zirndorfer, Jever, König

Saquella und Dallmayer

nur im Freien möglich

auf Wunsch sehr flexible Küche

preislich sehr breiter Spagat zwischen günstigem Mittagstisch und gediegener Abendküche

schräg gegenüber Parkhaus Fürther Freiheit

 EC, Maestro, Visa, amEx

 Maxstraße 32
45 m

 R1, 2, 12, U1, Bus 67, 112, 113, 126, 152, 172, 173, 174, 177, 178, 179 Bahnhof

Bunt und lustig ...

... geht es zu bei Werner's, besonders heute zur Michaeliskirchweih, wo es auch noch eine Extrakarte gibt, auf der steht, dass es „Michl anders will".

Wir halten uns dennoch an die Empfehlungen, die es auch außerhalb der tollen Tage gibt. Buscetta und Rinderfilet Entrecôte mit Röstkartoffeln (13,80 €) und Speckbohnen (4 €) sind solide, die Tagliatelle mit Flusskrebsen und Hummersoße (10,80 €) ein tolles Geschmackserlebnis, da phantasievoll gewürzt, bei der Crema Catalan mit Escorial flambiert (4,50 €) hat man es mit dem Escorial etwas zu gut gemeint, aber das wollte wahrscheinlich auch der Michl so. Eine Kirchweihnachspeise können wir uns dann doch nicht verkneifen: Geeister Latte Macciato mit Kaffeeeis, gebrannten, zerstoßenen Mandeln und Zimtsahne (5,50 €), eine lustige Idee. Sehr gute Frankenweine von Bickel-Stumpf begleiten uns ebenso wie gefühlte acht CDs von momentan angesagtem Musiker, James Blunt. Das Ambiente passt zur offenen, entspannten und heiteren Atmosphäre: gelbe Wände, Bestuhlung mit roten und schwarzen sowie Zebra- und Tigerfellimitatbezügen, sehr bunt, sehr lustig.

Inhalt

▲ Vorwort, die Autoren — 6 - 7
▲ Erklärung der Symbole — 8 - 9

Schwabach
Da Rocco	10 - 11
El Paso	12 - 13
Goldener Stern	14 - 15
Konstantin	16 - 17
Mönchshof	18 - 19
Raab's	20 - 21

Erlangen
basilikum	22 - 23
Bogart's	24 - 25
Brazil	26 - 27
Die Fischerei	28 - 29
Entlas-Keller	30 - 31
Fischküche Nützel	32 - 33
Havana Bar	34 - 35
Lennox	36 - 37
Mengin	38 - 39
Papa Joe's	40 - 41
Römming	42 - 43
Transfer	44 - 45
Zen	46 - 47

Nürnberg-Zentrum
Albrecht-Dürer-Stuben	48 - 49
A Tavola	50 - 51
Bratwursthäusle	52 - 53
Chong's Diner	54 - 55
Creperie du Chateau	56 - 57
Cucina Italiana	58 - 59
Drei Raben	60 - 61
Essigbrätlein	62 - 63
Estragon	64 - 65
Kaiserburg	66 - 67
Krakauer Haus	68 - 69
Neef	70 - 71
Schwarzer Bauer	72 - 73
Souptopia	74 - 75
Wanderer	76 - 77
Zauberberg	78 - 79
Zeit und Raum	80 - 81
Zeitungscafe	82 - 83
Zwinger Bar	84 - 85

Nürnberg-Nord
Cantina	86 - 87
El Cojote	88 - 89
Fatal	90 - 91
Frankenstube	92 - 93
Freudenpark	94 - 95
Hunger & Durst	96 - 97
L'Osteria	98 - 99
Lönneberga	100 - 101
Nel Parco	102 - 103
's Baggers	104 - 105
Schwarzer Adler	106 - 107
Trattoria del Nord	108 - 109
UnvergESSlich	110 - 111
WürZhaus	112 - 113

Nürnberg-Ost
Engel	114 - 115
Gregor Samsa	116 - 117
Herr Lenz	118 - 119
La Rustika	120 - 121
Meisengeige	122 - 123
Satzinger Mühle	124 - 125
Zabo-Linde	126 - 127

Nürnberg-Süd
Auguste	128 - 129
Bela Lugosi	130 - 131
Bodega de Ramon	132 - 133
Cantinho do Brazil	134 - 135
Express	136 - 137
Peppino	138 - 139
Rottner	140 - 141
Schäufele Wärtschaft	142 - 143
Südlich	144 - 145
Yec´het Mad	146 - 147

Nürnberg-West
Alla turca	148 - 149
Balazzo Brozzi	150 - 151
BMF-Bar Museum	152 - 153
Der Express	154 - 155
Eleon	156 - 157
Gasthaus Braun	158 - 159
Gelbes Haus	160 - 161
Kerschers Imbiss	162 - 163
La Vineria	164 - 165
Le Virage	166 - 167
Palais Schaumburg	168 - 169
Palmengarten	170 - 171
Salon Regina	172 - 173
Schanzenbräu	174 - 175
Tibet	176 - 177
Trocadero	178 - 179
Willich	180 - 181
Zum Bühler	182 - 183

Fürth
Babylon	184 - 185
Bistro Galerie	186 - 187
Blauer Affe	188 - 189
Irish Cottage	190 - 191
Kaffeebohne	192 - 193
Karo 11	194 - 195
Kofferkneipe	196 - 197
Kupferpfanne	198 - 199
Neubauers Schw. Kreuz	200 - 201
Stadtparkcafe	202 - 203
Stadt Venedig	204 - 205
Walhalla	206 - 207
Werners Restaurant	208 - 209

▲ Was gibt´s wo?
Von A - Z — 212 - 213

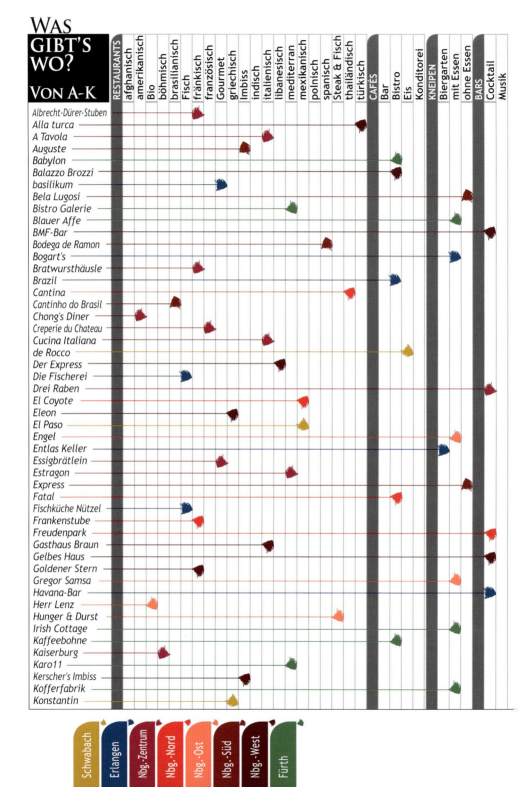

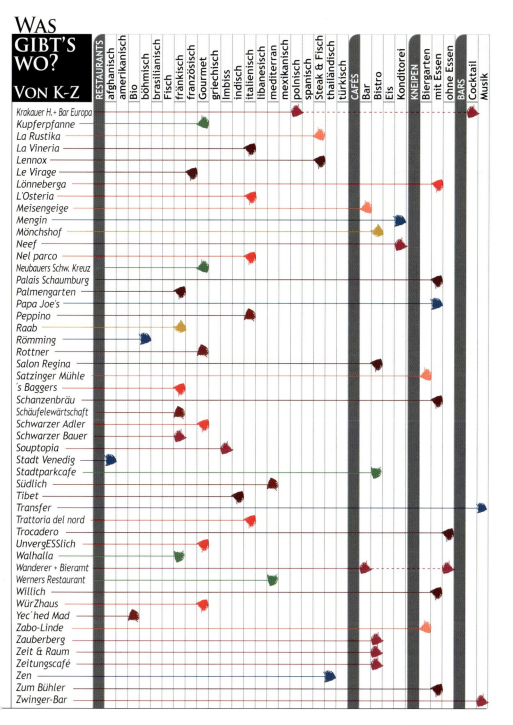

DANK AN ...

... alle Helfer, die an der Entstehung dieses Buchs mitgewirkt haben:

Lektoriat: *Dieter Braun, Sabine Bittner, Ursula Drechsel, Sandra Knoll*

Technischer Direktor: *Robert Bittner*

Unsere unerschütterlichen „Mitesser":
Angelina Braun, Maggy Braun, Kim-Oliver Drechsel, Lene Knoll, Sandra Knoll, Jürgen Narr, Monika und Robert Schmidt, Sonia Schwarz-Alvarez

Unsere Tippgeber:
Tine Bachmayer, Moritz Benedikter, Patricia Dietrich, Boris Hagel, Miller the Killer, Angi Martin, Mietz, Klaus Riemer, Peter Schubert, Conny Türk-Molitor, Richard Wolny, Christoph Zielke

Unsere Promotiondamen:
Caroline Distler, Marion Katheder

Unsere Sicherheitsbeauftragten:
Margret Braun und Otto Köhler

Unsere Gehhilfen:
Dres Rudolf Enz, Dietram März, Christian Rapke, Winfried Staudigel sowie das Physio Team von theraspa

Unser Verlag:
Fachverlag Hans Carl, namentlich danken wir Claudia Kunze, Anna Karina Langohr, Wolf-Dieter Schoyerer

Unser erster Großkunde:
der Verkehrsverbund Großraum Nürnberg GmbH, namentlich danken wir Gerhard Zuber